제네시스박의
부동산
절세

KB192482

제네시스박의 **부동산 절세** 2020 개정판

2018년 1월 24일 초판 1쇄 발행
2018년 2월 28일 초판 3쇄 발행
2020년 6월 10일 개정판 1쇄 발행
2020년 6월 24일 개정판 2쇄 발행

지은이 | 제네시스박
펴낸이 | 이종춘
펴낸곳 | (주)황금부엉이

주소 | 서울시 마포구 양화로 127 (서교동) 첨단빌딩 3층
전화 | 02-338-9151
팩스 | 02-338-9155
인터넷 홈페이지 | www.goldenowl.co.kr
출판등록 | 2000년 2월 15일 제2000-000035호

본부장 | 홍종훈
편집 | 전용준, 신정원
디자인 | agentcat
전략마케팅 | 구본철, 차정욱, 나진호, 이동후, 강호묵
제작 | 김유석
경영지원 | 윤정희, 이금선, 이사라, 정유호

• BM 황금부엉이는 (주)첨단의 단행본 출판 브랜드입니다.

ISBN 978-89-6030-554-0   13320

황금부엉이에서 출간하고 싶은 원고가 있으신가요? 생각해보신 책의 제목(가제), 내용에 대한 소개, 간단한 자기소개, 연락처를 book@goldenowl.co.kr 메일로 보내주세요. 집필하신 원고가 있다면 원고의 일부 또는 전체를 함께 보내주시면 더욱 좋습니다. 책의 집필이 아닌 기획안을 제안해주셔도 좋습니다. 보내주신 분이 저 자신이라는 마음으로 정성을 다해 검토하겠습니다.

세금 노하우가 수익 노하우다!

제네시스박의
부동산
절세

| 제네시스박 지음 |

BM 황금부엉이

세전 수익이 아니라 세후 수익이 중요하다

'순식간에 500만 원을 잃었다?'

설렘과 약간은 긴장된 마음으로 중개사무소에서 생애 첫 집의 계약서를 작성했다. 그리고 약 2주 뒤, 흔히 집문서라고 부르는 등기권리증을 받았다. 생애 첫 집을 마련했다는 사실이 너무 좋았다. 하지만 이 기쁨은 5분도 지나지 않아 '아차!' 하는 탄식으로 바뀌었다.

무엇이 문제였을까? 그렇다. 등기권리증의 '매수자' 칸에 필자 이름 하나만 올라가 있었던 것! 아내와 부부 공동명의로 하기로 했는데 계약 당일에 깜빡한 것이다. 그에 대한 대가는 생각보다 컸다.

집을 양도하면 '양도소득세'를 내는데 생애 첫 집의 경우 단독 명의일 때와 공동명의일 때의 차이가 무려 500만 원 정도 되었다. 공동명의로 했다면 양도소득세를 많이 줄일 수 있었는데 그만큼 손해를 본 것이다. 아내의 이름을 계약서에 적기만 했다면 500만 원이라는 큰돈을 아낄 수가 있었다.

몇 년 사이 부동산 시장이 뜨거워지자 정부에서는 부동산 정책을 여러 번 발표했다. 당연히 부동산 관련 세법에도 변화가 많이 생겼다. 그런데 의외로 바뀐 세법에 신경을 쓰지 않는 사람이 많다. 강의를 하고 질문을 받아보면 세금에 대해 전혀 대비하지 않고 있거나 대비하고 있더라도 세법이 바뀐 것까지 파악하고 있지 않는 바람에 소위 말하는 '세금 폭탄'을 맞는 투자자가 많다는 것을 알게 된다.

부동산 매매에는 계약이 기본이다. 이 계약에는 당사자의 자유 의지가 최대한 반영된다는 특징이 있다. 하지만 세금은 그렇지 않다. 계약서에 도장을 찍는 순간, 내가 내야 하는 세금은 정해진 세율을 무조건 따라야 한다. '나는 투자자가 아니다'라고 생각하는 실수요자도 부동산 세금에 대해서는 미리미리 대비해야 한다. 아울러 최근에는 부동산 정책이 여러 번 발표됐기 때문에 부동산 세법에도 변화가 많으므로 투자하기 전에 그사이 바뀐 세법이 있는지 확인하는 자세가 필요하다.

필자의 경력은 다소 특이하다. 경영학과를 졸업하고 직장을 다녔고 재경관리사(회계, 세무, 원가, 경영 관리 등 재경 분야의 실무 전문가임을 인증하는 자격을 취득한 사람)라는 국가 공인 자격증을 갖고 있다. 또한 부동산 투자자이면서 부동산 세금 지식을 공유하고자

'부동산과 세금'으로 특화한 블로그를 운영했는데 정말 짧은 시간에 파워 블로거가 됐다('genesis421.blog.me' 또는 네이버 검색창에 '제네시스박'으로 검색하면 블로그 주소가 나온다). 지금은 영역을 확대하여 블로그 칼럼, 강의는 물론 유튜브 〈채널 제네시스박〉, 〈직방 TV〉 '절세의 신' 등을 통해 꾸준하게 부동산 절세 관련 정보를 제공하고 있다. 아울러 '부동산 세금' 전문 1인 기업 대표로 있다.

수많은 강의와 부동산 현장에서 확인한 세금에 대한 궁금증을 시원하게 해결해주고자 이 책을 집필하게 되었다. 무엇보다 다른 부동산 세금 관련 책에서 볼 수 없는 '자신의 투자 유형에 따른 절세 전략'을 넣었다. 이론에서 끝나는 책이 아니라 투자 실전에서도 유용한 지식을 알려주는 책이 되도록 차별화했다. 여기에다 최근 발표된 정부 정책은 물론 개정세법까지 모두 포함하여 바뀐 법에 대해 상황별로 맞게 대응할 수 있도록 했다.

1장에서는 부동산 세금의 기본적인 특징에 대해 살펴본다. 누구나 알아야 하는 내용이므로 반드시 숙지해야 한다. 2장에서는 부동산 취득 및 보유에 따른 세금과 절세법에 대해, 3장에서는 양도 단계에서 발생하는 양도소득세 계산과 절세법에 대해 설명했다.

4장에서는 최근 들어 더욱 관심이 높아진 증여세와 상속세에 대해, 5장에서는 주택을 활용한 사업자, 즉 주택 임대사업자와 주택 매매사업자의 특징과 세제 혜택 등에 대해 알아본다. 그리고 6장에는 최근 부동산 투자자들이 주목하고 있는 부동산 법인의 핵심 내용을 담았으며, 마지막 7장에서는 지금까지 설명한 내용을 바탕으로 투자자 자신의 투자 유형과 그 유형에 따른 절세 전략을 알려준다.

부동산 투자자는 물론, 내 집 하나를 사려는 실거주자도 부동산 세금에 대해서는 반드시 알아야 한다. 하지만 워낙 알아야 할 것이 많고 설령 이를 알더라도 실제 현장에서 언제 어떻게 적용해야 하는지 잘 알기 힘들다. 또한 세금 관련 내용은 해마다 변한다. 그래서 '세금'이라는 단어만 들어도 가슴이 쿵쾅거리는 사람이 많다.

그렇다고 관심을 갖지 않으면 필자처럼 순간의 실수로 불필요한 지출을 허무하게 할 수 있다. 조금만 관심을 갖고 사전에 대비하면 충분히 절세할 수 있고, 진짜 수익률인 '세후 수익률'을 극대화할 수 있다. 이 책이 친절한 부동산 세금 가이드가 되길 바란다.

차례

3장

투자 수익률의 완성, 양도소득세

4장

증여세와 상속세, 그것이 알고 싶다

1장

비과세와 감면은
어떻게 다른가?

본격적인 부동산 절세법에 대해 알아보기 전에, 우선 세법의 일반적인 특징에 대해 알아보려고 한다.

세법도 큰 틀에서는 '법(法)'의 한 종류이기 때문에 기본적으로 법의 특징을 갖고 있다. 그래서 해당 내용이 매년 개정된다든지, 용어 하나에 따라 법 적용이 완전히 달라진다든지 유의할 사항이 많다. 큰 틀에서 세법은 어떤 특징을 갖고 있는지 구체적인 사례와 함께 살펴보면 막연히 갖고 있던 두려움은 많이 해소될 것이다.

투자의 마침표는
세금이다

직장인 나착각은 지금도 그 일만 생각하면 울화통이 터진다. 내지 않아도 될 양도소득세 수천만 원을 허공에 날렸기 때문이다.

사연은 이렇다. 10년 동안 A 아파트에 살던 나착각과 그 가족은 이사를 위해 B 아파트를 샀다. 이럴 경우 기존 주택인 A 아파트를 B 아파트 취득 후 3년 이내에 팔면 비과세가 되지만 만약 A 아파트와 B 아파트가 조정대 상지역에 있다면 이야기가 크게 달라진다. 조정대상지역에서 조정대상지 역으로 이동할 경우 기존 3년이 아니라 2년 이내에 기존 주택인 A 아파트를 매도해야 한다. 그리고 2019년 12월 16일에 정부가 발표한 〈주택 시장 안정화 방안〉(이하 '12·16 대책')에서는 이를 1년으로 줄였다.

1주택자였던 나착각은 '나는 1주택자라 비과세겠지'라고 너무나 안이하게 생각하고 B 아파트를 산 지 무려(?) 2년이 지난 어느 날에 팔았다. '3년 안에 팔았으니 비과세일 거야'라고 생각했다가 생각지도 못한 양도소득세를 자그마치 1억 원이나 내게 되었다.

본인이 기대했던 비과세는커녕 조정대상지역 물건을 양도함으로써 '양도세 중과(일종의 징벌적 성격으로 일반적인 양도세 부담보다 매우 크다. 뒤에서 좀 더 자세히 설명하겠다)'가 되는 바람에 이런 결과가 나온 것이다. 세법을 제대로 알지 못해 웬만한 직장인 2년 치 연봉이 세금으로 사라진 것이다.

보통 '법'이라고 하면 너무 복잡하고 이해하기 힘들어서 굳이 나와는 상관없다고 생각한다. 하지만 '법'은 우리 생활과 매우 밀접하게 연관이 있기 때문에 지속적으로 관심을 가져야 한다. 특히 내 재산권과 직접적인 관계가 있는 '세법'은 더욱 그렇다. 이것저것 아끼고 줄여서 열심히 한 푼, 두 푼 모은 돈에 국가[과세당국(課稅當局)]가 다양한 이유로 세금을 부과해서 가져가므로 관심을 갖는 것이 당연하다. 해마다 법이 개정되면서 내용도 변하므로 나와 연계되는 개정 세법의 내용은 숙지하고 있는 것이 필수다. 특히 부동산에 투자하는 사람들은 반드시 세법을 알고 있어야 한다. 그사이 세법이 개정되었는지도 당연히 확인해야 한다.

부동산으로 몇천만 원, 몇억 원, 심지어는 수십 억 원의 시세 차익을 봤다고 자랑하는 사람이 종종 있다. 하지만 이러한 사람들의 실제 수익률, 그러니까 세금을 제하고 난 다음의 '세후 수익률'은 얼마나 될까? 아마 꽤 큰 차이가 있을 것이다. 물론 반대의 경우도 있다.

부동산과 관련된 세법은 특히 부동산 경기에 민감하게 반응한다. 부동산 경기가 과열되면 억제책이 나오는데 대부분 세금과 관련되어 있다. 반대로 부동산 경기가 좋지 않으면 세금을 줄여주거나(감면), 아예 세금을 부과하지 않는 파격적인 정책(비과세)도 내놓는다. 그래서 이러한 흐름을 잘 활용하면 진짜 수익이라고 할 수 있는 세후 수익을 높일 수 있을 뿐만 아니라 적어도 실패하지 않는 부동산 투자도 가능하다.

그렇다면 실거주 입장에서 집을 바라보는 사람들은 어떨까? 현재 집을 갖고 있지 않거나 사더라도 어차피 1채는 비과세이기 때문에 세법에 대해 신경 쓸 필요가 없을까? 전혀 그렇지 않다. 지금은 집이 없더라도 향후 실거주 관련 매수를 고려 중인 수요층이라면 현재 상황을 통해 받을 수 있는 세제 혜택을 챙길 필요가 있다. 직장인의 경우에 가장 대표적인 것이 무주택자를 대상으로 하는 '연말 정산 소득 공제'다. 청약통장 불입에 대한 혜택, 월세를 내고 있다면 이에 대한 세액 공제 등 신경을 써야 받을 수 있는 혜택을 놓치지 않아야 한다. 이 역시 매년 내용이 개정되고 변하기 때문에 꾸준한 관심이 중요하다.

자주 변하는 세법을 제대로 알지 못하면 혜택을 받지 못하거나 불필요한 지출이 발생할 수 있다. 또한 이러한 변화를 적극적으로 활용하면 좋은 기회를 만들 수도 있다. 예를 하나 들어보자. 과세 당국은 주택 임대사업자의 경우 수입 금액을 계산하기 위해 월세 수입과 간주 임대료(임대사업자가 월세와는 별도로 전세금 등을 받을 경우 보증금 등에 일정한 이율을 곱하여 계산한 수익 금액)를 확인한다. 그런데 이러한 간주 임대료 계산에서 제외되는 소형 주택의 전용 면적 범위가 2019년부터 40제곱미터 및 기준 시가 2억 원 이하로 계속 축소되고 있으며, 이마저도 2022년이 되면 모두 과세가 된다. 세법이 워낙 자주 바뀌고 그 세부사항 역시 꼼꼼하게 챙겨야 하는데 현실적으로 지금도 이 변화를 모르는 사람이 꽤 많을 것이다.

부동산 세금 관련 상담을 해보면, 최근에 개정된 내용을 놓쳐서 불필요한 지출을 적게는 수백만 원에서 많게는 수천만 원까지 하는 안타까운 사례를 많이 접한다. 한 번만 더 생각했으면 내지 않아도 될 돈이었다.

모든 개정 사항을 숙지할 필요는 없으며 그렇게 하기도 힘들다. 단, 자신과 직접적으로 연계되거나 관심 있는 주제에 대해서는 반드시 사전 확인이 필수다. 조문(條文) 하나 때문에 내야 할 세금이 한 달 치 월급 또는 1년 치 연봉 정도가 왔다 갔다 한다면 당연히 관심을 가져야 하지 않을까?

부동산 투자자가 알아야 할
세법은 정해져 있다

어렸을 때 다음과 같은 노래를 배운 적이 있을 것이다.

'여보세요, 여보세요, 배가 아파요. 배 아프고 열이 나면 어떡할까요?'

생각이 나는가? 기억이 맞는다면 이에 대한 대답은 '소아과'였다. 어린 아이들에게 몸이 좋지 않으면 참지 말고 어떻게 해야 하는지를 알려주는 동요였다.

성인이 된 지금은 어떠한가? 성인도 마찬가지다. 배가 아프면 참지 말고 내과로 가야 한다. 만약 내과가 아닌 안과나 피부과로 갔다고 해보자. 내과를 방문하라고 할 것이다. 그렇다고 해당 의사를 비전문가라고 할 수 있는가? 결코 그렇게 생각하는 사람은 없을 것이다. 전문 분야가 다를 뿐이기 때문이다.

세법도 마찬가지다. 내용과 범위가 워낙 방대하기 때문에 분야별로 전문 세무사나 회계사가 따로 있다. 개인과 가장 밀접한 소득세 하나만 해도 이자·배당·사업·근로·연금·기타·퇴직·양도소득세 등 총 8가지 분야가 있다. 이 중에서 양도소득세 하나만 전문으로 하는 세무사나 회계사의 수도 엄청나다고 하니 그 방대함이 얼마나 큰지 미뤄 짐작할 수 있다. 그렇다면 부동산 세법을 반드시 알아야 할 투자자, 실거주자들은 어떻게 해야 하나? 이 모든 것을 다 알아야 할까? 결코 그렇지 않다. 현실적으로 전문가도 모든 분야에 대해 다 알지 못한다. 부동산 세금과 관련해서는 다 알려고 하기보다 내게 해당하는 내용만 알면 된다.

주택의 경우 '취득→보유→양도'의 단계별로 알아야 한다. 집을 살 때(취득) 내는 세금이 '취득세'다. 그 집을 보유하는 동안 내는 세금이 '재산세'다. 이때 보유하고 있는 주택의 가격이 일정 기준을 넘으면 '종합부동산세'가 추가된다. 그리고 집을 매도, 즉 양도하면 '양도소득세'를 내야 한다. 물론 이 외에도 더 있지만 큰 틀에서는 4가지 세금을 중점적으로 유의하면 된다. 현행 조세체계에는 국세 14개, 지방세 11개 등 총 25개의 법이 적용되는데 당장 이 모든 세금에 대해 알 필요가 없다는 의미다. 겁부터 내지 말고 우선 필요한 부분만 하나씩 차근차근 익혀 간다고 생각하자. 그러면서 세부적인 내용을 덧붙이면 충분하다. 이를 바탕으로 최종적으로 의사를 결정하기 전에 전문가(세무사, 회계사 등)와 상의하면 된다.

지인이나 후배들의 질문을 받아보면 세법 해석을 본인 상황에 유리하게 잘못 해석한 경우가 대부분이다. 투자에 있어 매우 위험한 행동이다. 세법의 일부분만을 확인하는 바람에 다른 부분을 놓치는 경우도 있다. 필요한 부분만 효율적으로 아는 것도 중요하지만 혹시 연결되는 부분은 없는지, 그리고 아는 부분이라면서 본인 스스로 자만하고 함부로 속단하는 우(愚)를 범해서는 안 된다.

앞으로 이 책을 통해 부동산과 직접적으로 연관되는 세법이 실제로 어떻게 적용되는지 그 작동원리를 볼 것이다. 동시에 합법적으로 세금을 줄일 수 있는 다양한 방법에 대해 최대한 많이 살펴볼 것이다.

반드시 기억하자. 우리는 세무 전문가가 되는 것이 목표가 아니다. 실제 생활하면서, 부동산 투자를 하면서 알아야 할 절세 포인트만 기억하자.

마지막으로 당부하고 싶은 말이 있다. 경험이 좀 쌓였다고 스스로 세법에 대해 다 안다고 자만하면 안 된다. 세법은 매우 방대하다. '선무당이 사람 잡는다'라는 말이 있듯이 조금 안다고 혼자 스스로 판단하고 결정하지 말자. 그렇게 결정하는 순간, 후회할 일만 남을 것이다. 꼭 계약서 작성하기 전에, 한 번 더 확인한다.

모든 세법은
과세표준과 세율만 알면 끝!

모든 납세자의 고민은 2가지일 것이다. '내가 내야 하는 세금은 얼마일까?', '그 세금을 어떻게 하면 줄일 수 있을까?'

이 책을 읽는 독자 여러분 역시 분명 그럴 것이다. 그렇다면 내야 할 세금이 얼마인지를 파악한 다음에 이 세금을 줄일 수 있는 방법, 즉 절세 포인트를 명확히 알아야 한다. 물론 이 모든 과정은 합법적인 테두리 내에서 이뤄져야 한다. 그렇지 않으면 오히려 더 큰 손해를 볼 수 있다.

우선 내가 내야 할 세금이 얼마인지를 계산하기 위한 기초 작업을 해보자. 이를 위해서는 다음 계산식만 기억하자.

모든 세법은 과세표준과 세율이 어떤지 알고 적용하면 내야 하는 세금, 즉 세액을 구할 수 있다. 앞에서도 말했듯이 현행 조세체계는 매우 방대하고 관련 세법의 종류[세목(稅木)이라고 한다]가 매우 많다. 이러한 세목마다 세금을 구할 때 적용되는 과세표준과 세율이 모두 같을까? 왠지 다 다를 것 같지 않은가? 그렇게 생각했다면 성공이다. 모두 다르다. 그래서 세법이 어렵다고 하는 것이다. 하지만 너무 상심하지는 말자. 관심 있는 내용만 하나씩 파악하면 되기 때문이다.

양도소득세를 예로 들어보자. 양도소득세는 현행 조세체계 중 국세인 소득세법에 속한다. 따라서 소득세를 기반으로 과세표준과 세율을 구하는 방식이 적용된다. 이쯤에서 용어 정리를 해보자. 먼저 '과세표준(課稅標準)'은 세(稅)금을 부과(課)하는 데에 있어 기준이 되는[즉, 표준(標準)] 단위라고 보면 된다. 세금을 매길 때, 내야 하는 세금(세액) 계산의 기준이 되는 과세 물건의 수량·가격·품질 등의 수치(數値)라고 할 수 있다. 이 말이 어렵다면 앞에서 설명한

• 다양한 세목(세법)마다 기준이 다르므로 각각의 방법을 통해 공통된 하나의 기준으로 만들어주는 과정이 필요하며 그 결과가 과세표준이라고 할 수 있다.

것처럼, 세금을 부과하는 기준 단위라고 생각하자. 실무에서는 줄여서 '과표'라고도 한다. 20쪽 그림을 보면 이해가 쉬울 것이다.

그림을 보면 법인세, 소득세, 지방세 등이 각각 깔때기에 들어가는데 이는 해당 세목마다 과세표준을 구하는 계산식이 모두 다름을 의미한다. 그런 일련의 과정을 거치고 나온 값 등이 해당 세목의 과세표준이 된다. 이를 구하는 과정은 세법 종류마다 모두 제각각이기 때문에 세법이 그토록 어렵게 느껴지는 것이다.

과세표준을 이해했다면 이제는 '세율(稅率)'에 대해 알아보자. 세율은 앞서 구해진 과세표준에 적용되는 일종의 비율이다. 이 역시 세목마다 다르지만 세율표를 보고 적용하면 되므로 굳이 외울 필요까지는 없다. 다만, 부동산 세금에 자주 적용되는 소득세의 세율은 알아두는 것이 여러모로 좋다. 실제 세율이 과세표준에 어떻게 적용되는지 양도소득세를 구하는 과정을 보면서 알아보자.

과세 대상이 되는 소득세의 과세표준이 3,000만 원이라고 예를 들어보자. 이에 대해 (기본)세율(또는 누진세율)이 적용된다면 계산은 어떻게 해야 할까?

과세표준이 3,000만 원이라면 '1,200만 원 초과~4,600만 원 이하' 구간에 해당하므로 세율은 15%이다(22쪽 '양도소득세의 과세표준 및 세율' 참조). 보통 '3,000만 원×15%=450만 원'이라고 계산하는데 그렇게 하면 안 된다(누진공제액도 빼지 않았다). 다음처럼 구간마다 세율을 달리 계산해야 한다.

〔양도소득세의 과세표준 및 세율〕

과세표준	기본 세율	누진공제액
1,200만 원 이하	6%	0원
1,200만 원 초과~4,600만 원 이하	15%	108만 원
4,600만 원 초과~8,800만 원 이하	24%	522만 원
8,800만 원 초과~1억 5,000만 원 이하	35%	1,490만 원
1억 5,000만 원 초과~3억 원 이하	38%	1,940만 원
3억 원 초과~5억 원 이하	40%	2,540만 원
5억 원 초과	42%	3,540만 원

(1,200만 원×6%)+{(3,000만 원-1,200만 원)×15%}=342만 원

무려 108만 원이나 차이가 난다. 다시 한 번 그림으로 살펴보자.

〔과세표준 3,000만 원인 경우 계산방법〕(단위: 만 원)

① (1,200만 원×6%)+{(3,000만 원 - 1,200만 원)×15%}=342만 원
② 3,000만 원×15% - 108만 원=342만 원
• ①이 원칙이나 실무에서는 간단하게 ②처럼 계산한다.

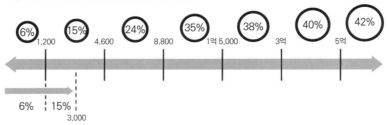

이것이 기본 세율(또는 누진세율)의 세율 적용방식이다. 만일 단
일세율이라면 과세표준에 해당 세율만 곱하면 된다(비례세율이
라고도 한다). 그런데 만약 조정대상지역에 있는 주택을 양도하

면 어떻게 될까? 이때에는 조금 전 살펴본 기본 세율(누진세율)에 10%p(중과 대상 주택 수가 2채인 경우) 또는 20%p(중과 대상 주택 수가 3채 이상인 경우)를 가산해서 세금을 부과한다. 즉, 기본 세율 중 가장 높은 42%에서 20%p가 가산된 62%로도 양도세 세율이 적용될 수 있다는 의미이다. 이에 대한 자세한 내용은 양도소득세를 설명하는 장에서 다루겠다.

　모든 세금은 과세표준과 이에 적용되는 세율만 알면 적어도 내야 할 세금이 얼마인지는 알 수 있다는 사실이 중요하다. 이 점을 반드시 기억한다. 적어도 '내가 내야 하는 세금은 얼마일까?'에 대한 답은 해결한 것이 된다.

세금에 대해
물어볼 곳이 있을까?

"순간적으로 1가구 1주택을 1인 1주택으로 착각했어요. 배우자가 갖고 있는 주택을 고려하지 않고 매도하는 바람에 1가구 1주택 비과세 혜택을 받지 못 했네요. 안 내도 될 양도소득세 500만 원을 납부해야 할 것 같습니다. 좋은 방법이 없을까요?"

이런 경우가 가장 안타깝다. 이미 계약서를 작성했기 때문에 더 이상 할 수 있는 것이 없다. 계약서를 작성하기 전에 알아보거나 전화를 줬다면 세금 수백만 원은 아낄 수 있었을 것이다.

이렇듯 아무리 조심하고 신경 쓴다고 하지만 누구나 착각하고 실수할 수 있다. 그렇다면 세금 관련한 문의사항이 있을 때 어떻게 하면 도움을 받을 수 있을까? 여기에 나온 내용만 알아도 소중한 내 자산을 안타깝게 날리지는 않을 것이다.

국세상담센터 126

현재 세금 관련해서 가장 대표적으로 많이 사용하는 방법이다. 쉽게 말해 '국세청 콜센터'라고 생각하면 된다. 세금 관련 상담을 편하게 전화로 할 수 있다. 단, 상담 내용이 해당 과세 문제에 대해 확정된 답을 주는 것이 아니기 때문에 단순 참고만 한다. 간단한 문의사항이 있을 때 연락해보면 좋다. 양도소득세처럼 많은 사람이 관심 갖는 부분에 있어서는 대기 시간이 길어질 수 있다는 점은 아쉽다.

납세자보호담당관제도

국세청 등 과세당국은 지속적으로 납세자 보호 권리를 위해 애쓰고 있는데, 그중에서도 대표적인 활동이라고 할 수 있다. 세금의 부과, 징수, 조사과정에서 납세자의 권익이 침해되었거나 침해될 우려가 있는 경우 납세자가 도움을 받을 수 있는 제도다. 일종의 '조세 변호사제도'라고 이해하면 된다.

전화와 우편 상담이 가능한데, 전화의 경우 앞에서 소개한 것처럼 국번 없이 126번을 누르면 된다. 관할 세무서로 직접 방문하여 도움을 요청할 수도 있다. 국세청 홈페이지(www.nts.go.kr)에서 '국세 정보→납세서비스→납세자보호담당관' 순으로 들어가면 자세한 내용을 알 수 있다.

세무 지원 소통 주간

국세청은 그동안 매월 셋째 주 화요일에 '세금 문제 현장 소통의 날'을 운영했는데 2017년 4분기부터는 분기마다 '세무 지원 소통 주간'을 운영하고 있다. 납세자 중심의 맞춤형 소통을 강화하고 소통 역량을 집중하기 위해 제도를 바꾼 것이다. 분기마다 어떤 주제로 소통 주간을 운영하는지 확인하면 내게 필요한 세금 관련 정보를 얻는 기회가 될 것이다.

세법해석 질의안내

126번은 간단한 질문 위주로 상담하는 데 유용하다. 만일 시간이 다소 걸리더라도 복잡한 문제에 대해 구체적으로 질문하고 문서로 남기고 싶을 때 추천하는 제도다. 크게 '서면질의제도'와 '세법해석 사전답변제도'로 구분되는데 이에 대한 자세한 내용은 국세청 홈페이지에서 '국세 정보→세법해석 질의안내' 순으로 들어가면 자세하게 알 수 있다.

서면질의제도는 일반적 사항에 대한 세무 관련 궁금증을 해소하는 것이 목적이다. 반면 세법해석 사전답변제도는 신청인이 개별적이고 구체적인 사항에 대해 질의하고 답변을 받는 것이다. 궁극적으로 적정하게 세무 신고를 할 수 있도록 도와주는 제도다.

가장 큰 차이점은 '효력'인데, 서면질의제도의 경우 회신 내용이

법적 구속력을 갖지 않는다. 일반적인 세법 적용이라서 변수가 달라지면 결과도 달라지기 때문에 내용 자체가 결과를 보장하지 않는다. 그래서 이와 관련해 '회신 내용이 과세관청을 구속하지 않음'이라고 한다.

세법해석 사전답변제도의 경우 개별적이고 구체적인 사안에 대해 다루기 때문에 한 번 내려진 결정을 나중에 과세관청에서 번복할 수 없다. 이와 관련해 '회신 내용이 과세관청을 구속한다'라고 한다. 따라서 시간이 걸리더라도 좀 더 확실한 답을 얻으려면 세법해석 사전답변제도를 활용한다.

국세법령정보시스템

앞에서 봤던 세법해석 질의안내는 물론 최신 판례, 최신 개정법령 등 세금에 관한 궁금증을 모두 볼 수 있는 사이트라고 보면 된다. 내가 궁금해 하는 상황에 딱 들어맞는 상황은 찾기 힘들겠지만 (그것을 원하면 '세법해석 사전답변제도'를 활용한다) 관심 있는 주제, 키워드에 대해 찾아볼 수 있다.

인터넷 검색창에서 '국세법령정보시스템'으로 검색하면 해당 사이트 주소가 나온다(txsi.hometax.go.kr/docs/main.jsp).

'검색어를 입력하세요'에 궁금한 내용을 입력하고 엔터키를 치면 관련 내용이 나온다. 기존에 다른 사람이 문의한 내용, 관련 판례 등도 나오기 때문에 유용한 사이트라고 할 수 있다.

지금까지 세금과 관련한 문의사항이 있을 때 어떻게 해결할 수 있는지 알아봤다. 다양한 채널이 있는 만큼, 각자 상황에 맞게 잘 활용하여 불필요한 세금을 지출하는 실수를 하지 말자.

검색을 믿지 않는다

인터넷 검색은 참 편리하다. 컴퓨터 앞이 아니라도 이동 중에 스마트폰으로 원하는 정보를 검색할 수 있다. 문제는 사실이 아닌 정보는 물론, 검증이 되지 않은 정보까지 모두 섞여 있다는 것이다. 물론 필요한 것만 취사선택하면 되지만 세금 관련해서는 전문가들조차 의견이 다분한 경우가 많으니 중요한 의사 결정이나 계약을 앞두고 있다면 검색했다고 해도 반드시 사전에 전문가와 상의한다.

얼마 전, 세금 강의가 끝난 후에 다음과 같은 이야기를 듣고 꽤 충격에 빠진 적이 있다.

"이번에 주택 임대사업자를 낼 때 민간 임대사업자로 했는데 방금 강의를 들으니 이것 역시 연 5% 상한이 적용되네요? 저는 준공공[현재는 '장기 일반 민간 임대 주택'이라고 함. 이후 본문에서 '준공공'이라고 하면 '준공공(현재 '장기 일반 민간 임대 주택')'으로 생각한다] 임대만 그런 줄 알았는데 어떻게 해야 하죠?"

주택 임대사업의 경우, 민간이든 준공공이든 모두 연 5% 임대료 상한이 적용된다. 어떻게 그걸 착각했느냐고 물어봤다. 그냥 인터넷 검색을 해보니 준공공에 대해서만 5% 상한이 있다고 해서 등록했다는 것이 아닌가. 민간 단기 임대의 경우에는 최소 4년 이상을 임대해야 하는데, 어떻게 그런 걸 정확히 확인하지도 않고 진행할 수 있는지 의아하게 생각했다. 그런데 제대로 확인하지 않고 등록한 사람이 꽤 있었다.

세금 문제가 생길 때, 단순한 인터넷 검색이 아니라 어떻게 전문가를 찾아 도움을 받을 수 있을까?

간단한 세무 상담은 무료로 가능

사례에 따라 다르지만 보통 세무 상담료는 시간당 5~10만 원대이다(물론 세무사 사무실마다 다르다). 언뜻 보면 비싸 보이지만 상담 한 번으로 세금 수백만 원, 수천만 원을 아낄 수도 있는데 이 정도 세무 상담료를 일종의 보험료로 생각하면 어떨까?

우선 관할 세무서 근처에 있는 세무사의 사무실에 전화해보거나 방문해본다(검색창에 '○○구 세무사'를 입력해서 찾아봐도 된다). 처음에는 전화로 먼저 상담하는 것이 여러모로 편하다. 몇 군데 전화를 해본 후, 상담을 잘 해주거나 말이 좀 통하는 것 같다면 정식으로 상담을 요청하면 된다. 상담료에 대해 미리 문의하면 자세히 알려주기 때문에 너무 걱정할 필요는 없다. 단순한 세무 상담은 무료로도 가능하다.

마을세무사

잘 모르는 세무사 사무실이라 전화나 방문이 부담스럽다면 '마을세무사'제도를 활용해보자. 시민들의 세금 고민 해결을 위해 무료 세무 상담 제공을 약속한 세무사들의 재능기부라고 보면 된다.

행정안전부에서 주관·시행하고 있으며 이 역시 간단한 상담은 전화로 가능하다. 추가 상담을 원한다면 정식 수임료를 지불하고 상담을 진행한다. 물론 이때에도 간단한 상담은 무료다.

행정안전부 홈페이지(www.mois.go.kr)에서 '업무 안내→지방재정경제실→마을세무사' 순으로 들어간 다음, '마을세무사 찾기'를 클릭하고 상담받고 싶은 물건지의 해당 구를 검색한다. 검색하면 담당 지역, 성명, 전화번호가 나온다. 나온 전화번호로 연락해 마을세무사제도를 이용하고 싶다고 말하면 담당 세무사와 통화할 수 있다.

인터넷이 편하다면 검증된 사이트

그래도 전화가 불편하다면 검증된 사이트를 활용한다. 검증된 사이트라고 하면 세무법인 또는 회계법인 등 해당 업무를 전문으로 하는 곳의 사이트를 말한다. 이러한 사이트에서 제공하는 정보를 본다거나 등록되어 있는 연락처 등을 활용해 상담받기 바란다.

조금만 '손품'을 판다면 온라인에서도 제대로 된 전문가 찾는 방법을 쉽게 알 수 있다. 이런 방법이 있는데도 잘못된 정보 때문에 절세의 기회를 놓친다면 그보다 더 아까운 경우가 또 있을까? 모두 내 책임이라 누구에게 하소연할 수도 없다. 지금까지 말한 방법을 바탕으로 이번 기회에 꾸준하게 도움받을 수 있는 세금 전문가를 한두 명 알아두는 건 어떨까? 두고두고 도움을 받을 것이다.

'비과세'와 '감면'은 같은 것이 아니다

급여 생활만으로는 생활이 힘들다고 판단한 직장인 A는 주택 임대사업자를 내기로 고민하다가 2018년에 종료되는 '양도세 100% 감면' 소식을 듣고 부랴부랴 등록했다. 조건 중 하나가 '취득 후 3개월 이내'라는 것을 듣고 앞뒤 살펴보지 않고 일단 등록부터 한 것이다.

'감면'이라는 용어 때문에 당연히(?) 양도세가 나오지 않을 것이라 생각한 직장인 A. 하지만 감면은 비과세와 다르다는 것을 이내 알고 당황하게 된다. 게다가 2018년에 종료되는 그 혜택이 아니더라도 준공공(현재 '장기 일반 민간 임대 주택')으로 등록하면 고율의 장기 보유 특별 공제를 받을 수 있다는 것을 알고 '왜 이렇게 급하게 등록했을까…'라는 후회까지 했다. 그렇다면 '비과세'와 '감면' 간에는 어떤 차이가 있을까?

생각보다 많은 사람이 '비과세'와 '감면'의 차이점에 대해 잘 모르고 있다. 특히 주택 임대사업자 등록 여부와 관련해 상담을 해보면 비과세라고 생각해 임대 주택으로 등록하려다가 실은 그게 아니라는 것을 뒤늦게 알고 고민에 빠지는 사람을 많이 본다. 비과세와 감면의 차이점은 다음 표와 같다.

[비과세와 감면의 차이점]

구분	비과세	감면
개념	과세권 포기	세금의 일부(또는 전부)를 경감
세금 발생 유무	없음	감면세액의 20% 발생(농특세)
세금 신고 유무	없음	신고(필수)
사례	1가구 1주택	준공공 양도세 100% 감면

비과세의 경우 과세당국(국세청, 세무서 등)이 세금을 부과하는 과세권이 처음부터 없다. 따라서 세금 자체가 발생하지 않기 때문에 신고 의무도 없다. 가장 대표적인 사례가 '1가구 1주택 양도소득세 비과세'라고 보면 된다. 반면, 감면의 경우 일단 과세권 자체는 있는데 이때 발생하는 세금의 일부 또는 전부를 경감시킨 것이다. 세금 자체는 발생하기 때문에 반드시 신고를 해야 한다. 이러한 부분이 가장 큰 차이점이라고 할 수 있다.

앞의 직장인 A 사례에서 나왔던 준공공 임대 주택 관련 양도소득세의 경우, 2018년까지 등록하고 10년 동안 임대를 하면 향후 양도소득세를 100% 감면받는다(2018년 시행 개정 세법으로 인해 준공공 양도소득세 100% 감면 혜택을 위한 등록 기간이 기존 2017년에서

2018년으로 연장되었다). 비과세가 아니므로 일부 세금은 내야 한다. 당초 내야 하는 양도소득세의 20% 정도로 생각하면 된다. 감면 신청서와 관련 서류를 제출한 후에 최종적으로 승인이 나면 감면 혜택을 받는다. 만약 비과세라면 신고 의무도 없고 일부 내야 하는 세금도 없기 때문에 훨씬 더 큰 혜택으로 볼 수 있다.

같은 세금 혜택으로 보이지만 좀 더 들여다보면 차이가 있는 비과세와 감면의 경우처럼 부동산에 투자할 때는 단어의 의미를 확실히 알고 있어야 한다.

부동산 세금 한 바퀴 돌기

"아직 집이 없으니 나중에 집 살 때 세금 공부를 할까 합니다."

세금분야가 워낙 방대하고 어렵게 느껴지기 때문에 주변에서 이렇게 이야기하는 사람을 쉽게 볼 수 있다. 그런 이야기를 들을 때마다 매우 안타까운 심정이다. 왜냐하면 세금분야는 미리미리 준비해야 탈이 없기 때문이다. 또한 집 없는 무주택자들만이 누릴 수 있는 세제 혜택도 많은데 그 혜택을 누리기 위해서는 세금에 대해 잘 알고 있어야 한다. 예를 들어, 이제 실거주를 알아보는 직장인이면서 세대주라면 반드시 챙겨야 할 연말정산 항목으로 '월세 세액 공제', '주택 청약 소득 공제' 등이 있다.

'월세 세액 공제'는 근로자이면서 무주택자 세대주가 월세로 살 경우, 연간 지급한 월세액의 10~12%를 돌려받는 제도다. 총급여 5,500만 원 이하인 경우는 월세액의 12%를, 총급여가 5,500만 원 초과 7,000만 원 이하라면 월세액의 10%를 돌려받되 해당 월세액은 750만 원을 한도로 한다. 그리고 해당 주택은 국민주택규모 즉, 전용 85제곱미터 이하이거나 기준 시가가 3억 원 이하인 주택이어야 하므로 관련 요건을 꼼꼼히 따져보고 챙겨야 할 것이다. '주택 청약 소득 공제' 역시 근로자이면서 무주택자인 세대주를 대상으로 한다. 청약저축은 연간 120만 원까지, 주택청약종합저축은 연간 240만 원까지 한도로 해당 불입액의 40%, 즉 청약저축은 48만 원, 주택청약종합저축은 96만 원까지 소득 공제가 가능하다. 단, 연말정산 때 환급받는 금액은 자신의 급여 수준 및 소득 공제 항목에 따라 제각각이라는 점이 월세 세액 공제와의 차이점이다.

조금 더 나아가 드디어 집을 마련했다고 해보자. 어차피 1채만 보유할 것이기 때문에 세금을 몰라도 되는 것일까? 전혀 그렇지 않다! 매매 계약서를 작성하는 순간에 내야 하는 세금(취득세)과 갖고 있으면서 내야 하는 세금(보유세)이 있다. 거기다 향후 집을 매도하면서 내는 양도세까지 모두 연계가 되어 있다. 1채라고 해도 세금을 줄일 수 있는 방법은 있다. 앞에서 말했던 필자의 사례처럼 말이다. 이론상으로는 부부 공동명의가 좋다는 걸 알고 있었는데도 처음 집을 살 때 경황이 없어서 단독명의로 계약서를 작성했다. 계약서를 작성하는 순간부터 그 집에 대한 양도소득세는 500만 원 정도는 손해를 본 것이다(해당 주택의 시세 차익에 대한 양도소득세가 단독명의의 경우 2,000만 원 정도였지만 공동명의로 하면

1,500만 원 정도만 부담하면 됐다).

세금이 아무리 방대하다고 해도 전체적인 윤곽을 한 번 알면 그 다음부터는 이해하기가 훨씬 수월하다. 사람의 인생을 '생로병사 (生老病死)'로 표현할 수 있듯이 부동산 관련 세금 역시 크게 '취득 (세) – 보유(세) – 양도(세)'의 3단계로 구분된다. 즉, 해당 부동산을 취득하면서 발생하는 세금, 보유하는 동안 내는 세금, 마지막으로 처분(양도)할 때 발생하는 소득에 대한 세금으로 구분된다.

〔부동산 단계별 세금〕

취득(구입)단계

• 일반 매매인 경우
  인지세(계약서 작성 시)
  취득세

• 증여·상속인 경우
  증여세(증여받는 경우)
  상속세(상속받는 경우)

보유단계

• 일반적인 경우
  재산세

• 일정 금액 초과 시
  종합부동산세

양도(처분)단계

• 양도소득세

취득단계

부동산을 소유하게 되면 명의를 이전해야 비로소 내 것이 된다. 이때 내는 세금이 '취득세'다. 예전에는 취등록세라고 했는데 법이 개정되면서 취득세로 명칭이 통합되었다. 취득 행위에 대한 일종 의 비용이므로 가족이라도 상속 또는 증여 등으로 명의가 이전되면 취득세는 내야 한다. 가족이면 괜찮다고 생각하고 이 부분을 간과했다가 내지 않아도 될 세금을 내기도 하니 유의한다.

일반적인 매매 외에도 증여나 상속 등의 과정을 통해 부동산을 취득하기도 한다. 이때는 명의 이전에 따른 취득세는 물론이고 해당 조건에 속하면 증여세나 상속세까지 내야 한다. 참고로 상속세는 상속을 받은 사람(상속인), 증여세는 증여를 받은 사람(수증자)이 납세 의무자가 된다. 이에 대해서는 뒤에서 좀 더 자세히 알아볼 것이다.

보유단계

부동산은 보유만 해도 세금을 낸다. 이를 '재산세'라고 한다. 다소 억울하게 느껴질 수도 있겠지만 사실 부동산만 내는 것은 아니다. 가장 대표적으로 자동차도 1년에 두 번 자동차세를 낸다. 그것과 마찬가지라고 생각하면 된다. 물론 일정 기준 이상의 부동산을 소유한 사람들에게는 '종합부동산세'도 부과한다. 기본적으로 조세를 통해 소득 재분배를 하기 위한 과세당국의 취지라고 보면 된다.

재산세는 보유한 부동산의 지분별로 부과되기 때문에 단독명의이든, 공동명의이든 절세와는 큰 상관이 없다. 예를 들어, A 아파트 재산세가 50만 원이라고 해보자. 남편 단독명의라면 남편에게 50만 원이 부과되고, 부부 공동명의라면(5대 5 가정) 각각 25만 원

씩 부과된다. 그런데 종합부동산세는 그렇지 않다. 개인별로 주택 공시지가 합계액이 6억 원까지는 해당되지 않기 때문에 공동명의를 하면 종합부동산세를 확실히 절세할 수 있다. 이런 이유로 부동산을 취득하기 전에 세금에 대해 미리 고민해야 하는 것이다.

양도단계

가장 많은 사람이 관심을 갖는 세금부분이다. 취득세, 재산세는 잘 몰라도 양도소득세에 대해서는 관심이 많은데 아마 물건을 처분(매도)하려다 보니 세금문제가 바로 코앞에 닥쳐서 그럴 것이다. 양도를 하여 수익을 실현하기 때문에 '소득 있는 곳에 과세한다'라는 과세당국의 취지를 가장 잘 살린 세금이기도 하다. 양도를 통해 소득 얻은 사람이 직접 신고를 해야 하며 신고 기간이 정해져 있기 때문에 지키지 않으면 과세당국은 납세자에게 정해진 제재를 가하게 된다(이를 '신고납부제도'라고 한다).

양도할 때 해당 기간 동안 합산하는 '합산과세', 지나치게 매도를 반복할 경우에는 '매매사업자 간주' 등이 발생할 수 있으므로 유의할 사항이 많고 계산과정이 복잡하기 때문에 가장 신경을 써서 알아둬야 한다('간주'란, '예외사항 없이 그렇다고 보는 것'을 말한다. 예외를 인정하지 않는 것이다).

2장

취득세, 보유세
똑똑하게 줄이기

앞에서 부동산 세법의 기본적인 특징을 단계별로 살펴보면서 부동산 관련 세금의 큰 그림을 그려봤다.

이번 장에서는 취득, 보유 시 어떤 세금이 적용되는지, 현명하게 줄일 수 있는 방법은 무엇인지 살펴본다. 또한 구체적인 사례와 함께 계산방식을 통해 실제 내가 내야 할 세금이 얼마인지도 알아본다.

벌써부터 복잡하게 느낄 필요는 없다. 본문에 쓰인 내용을 위주로 차근차근 따라오기만 하면 된다.

취득세 및 보유세의 기본 구조

Q 이번에 집을 사야 할지, 말아야 할지 정말 고민입니다.

A 뭐가 그렇게 고민이죠? 각자 목적에 맞게 정하시면 되죠.

Q 물론 그렇긴 한데요…. 주변에서 하도 집 사면 세금이 많이 나온다고 하니까요….

A 제 주변에도 그런 사람이 좀 있습니다만 정작 세금이 얼마 나오는지를 정확히 아는 사람은 거의 없었습니다. 혹시 계산은 해보셨나요?

Q 그게, 저도….

A 그거 보세요. 실제 얼마 정도 나오는지 알아볼까요?

많은 사람이 집을 사면 세금이 많이 나온다고 걱정부터 한다. 더 놀라운 사실은 그들 대부분이 정작 집을 사면 얼마 정도의 세금이 나오는지를 알지 못한다는 것이다. 어떻게 계산하는지 모르는 사람도 많다. 정말 집을 사면 세금이 그렇게 많이 나올까?

부동산 살 때 내는 세금, 취득세

법은 일정한 자산을 취득하면 이에 대해 조세를 부과하는데 이 때 발생하는 세금을 '취득세'라고 한다. 부동산 외에도, 차량, 기계 장비, 선박, 골프 회원권 등 다양한 자산을 취득할 경우에 해당 자 산의 취득자에게 취득세를 부과한다(지방세법 제7조). 즉, 같은 자 산이라도 명의만 이전되어도 취득세가 부과된다는 것을 유의해야 하는데, 가령 아파트를 배우자에게 증여할 경우 증여세가 적게 나 오거나 비과세라 해도 취득세는 별도 납부해야 한다.

그렇다면 취득세는 얼마나 나올까? 부동산의 종류와 금액에 따 라 취득세가 각각 다른데 특히 2020년도부터는 주택 취득세에 있 어 많은 부분이 개정되었기에 주의가 필요하다. 전반적인 내용은 44쪽 표와 같으나 주택(유상 취득)의 경우 6억 원 초과~9억 원 이 하 구간에 변화가 있으므로 이를 자세히 들여다봐야 한다.

이 책에서는 많은 사람이 관심을 갖는 '주택'을 중심으로 설명해 보겠다(아파트를 실거주로 구한다고 생각하면 이해가 더 쉬울 것이다). 44쪽 표에서 (특별히 상속이나 증여로 받는 것이 아니라면) '주택(유상 취득)'을 본다. 그다음으로 가격을 확인한다. 해당 주택의 실제 거 래 가격, 즉 '실거래가'가 6억 원 이하인지, 아니면 6억 원 초과에

[부동산 취득세]

부동산 종류		구분	취득세	농특세	교육세	합계
주택 (유상 취득)	6억 원 이하	85㎡ 이하	1.0%	–	0.1%	1.1%
		85㎡ 초과	1.0%	0.2%	0.1%	1.3%
	6억 원 초과 ~9억 원 이하	85㎡ 이하	2.0%	–	0.2%	2.2%
		85㎡ 초과	2.0%	0.2%	0.2%	2.4%
	9억 원 초과	85㎡ 이하	3.0%	–	0.3%	3.3%
		85㎡ 초과	3.0%	0.2%	0.3%	3.5%
주택 외 유상 취득		–	4.0%	0.2%	0.4%	4.6%
농지의 유상 취득		–	3.0%	0.2%	0.2%	3.4%
원시 취득(신축)		–	2.8%	0.2%	0.16%	3.16%
상속으로 인한 취득		농지	2.3%	0.2%	0.06%	2.56%
		농지 외	2.8%	0.2%	0.16%	3.16%
증여에 의한 취득			3.5%	0.2%	0.3%	4.0%

- 주: 1) '주택(유상 취득)'의 적용 시점은 2014년 1월 1일부터다(2013년 8월 29일까지 소급 적용). '주택 외 유상 취득', '농지의 유상 취득', '원시 취득(신축)', '상속으로 인한 취득', '증여에 의한 취득'의 적용 시점은 2011년 1월 1일부터다.
  2) 매매 가격이 6~9억 원 사이인 경우 위 표를 보면 취득세가 2%로 되어 있는데 2020년도부터 달라진다. 이에 대해서는 '2020년부터 바뀐 취득세제도'를 참고한다.
  3) 위 표는 3주택자 이하에 해당한다. 4번째 주택을 취득할 때부터는 달라지는 부분이 있으니 '2020년부터 바뀐 취득세제도'를 참고한다.

서 9억 원 이하인지, 그리고 9억 원 초과인지에 따라 조금씩 다르다. 최근 기사를 보니 서울 아파트 평균 매매 가격이 9억 원을 초과했다고 하는데(20년 3월 기준), 계산 편의상 5억 원짜리 주택을 구입하는 것으로 해보자(이 5억 원이 실거래가다).

이렇게 표에서 '주택(유상 취득)→6억 원 이하'까지 오게 되었다. 이제 '구분'에서 85제곱미터 이하인지, 초과인지를 봐야 하는데 이때 면적은 '전용 면적'을 의미한다. 전용 면적이 85제곱미터라면 흔히 말하는 32평형, 즉 전용 면적에 기타 서비스 공간을 합한 공급 면적이 32평 정도가 되는 아파트라고 보면 된다.

계산에 들어갈 때가 됐다. 32평형 아파트를 6억 원 이하 가격인 3억 원에 실거주로 구입할 경우 취득세는 얼마가 될까? 취득세 1.0%, 교육세 0.1%가 더해져 1.1%이다(농특세는 없다). 이 1.1%를 5억 원에 곱하면 된다. 즉, '5억 원×1.1%=550만 원'이 나온다. 물론 적은 금액은 아니다. 하지만 표를 보면 알 수 있지만 '1.1%'가 가장 낮다는 것을 알 수 있다. 부동산 자산에 있어 아파트와 같은 주택, 특히 6억 원 이하이면서 전용 면적이 85제곱미터 이하인 주택에 가장 낮은 취득세율을 부과함으로써 일종의 큰 혜택을 주고 있는 것이다. 그래서 주택 취득과 관련해 전용 면적과 실거래가액을 잘 확인하고 거래할 필요가 있다.

주택을 살 때 실제로 취득세를 직접 납부하는 경우는 드물다. 보통 해당 주택을 소개해준 부동산이나 담보 대출을 해주는 은행이 소개한 법무사에게 맡기기 때문이다. 요즘에는 주택 주소와 취득가 등을 입력하면 자동으로 법무사 업무 견적을 알려주는 앱도 있다(예 법무통: www.bmtong.co.kr).

2020년부터 바뀐 취득세제도

여기까지는 기존과 동일하다. 하지만 매매 가격이 6억 원에서 9억 원 사이라면 이야기가 조금 달라진다. 그리고 1가구 4주택인 경우에도 적용되는 취득세 세율이 크게 증가하는데 이 두 가지 상황에 대해 살펴보자.

먼저 주택을 6억 원과 9억 원 사이에서 거래한다면 기존 취득세의 2% 세율이 적용되지 않고 다음의 식에 따라 계산한다(소수점 이하 셋째 자리에서 반올림).

6~9억 원 구간 취득세율 계산법

세율(%) = {취득가액(억 원)×2/3}—3억 원

예를 들어, 취득가가 6억 원이면 세율은 1%가 되어 취득세는 600만 원이 된다(6억 원×1%, 취득세 외에 붙는 농특세 등은 생략). 기존의 2%인 1,200만 원보다 금액이 꽤 낮아짐을 알 수 있다. 이런 식으로 몇 번 예를 들어 계산해보면 취득가가 7억 원인 경우에는 1,169만 원으로 기존 1,400만 원보다 낮고 7억 5,000만 원이면 동일, 그리고 그 이상부터는 바뀐 취득세가 더 높게 나옴을 알 수 있다. 이에 대해 다음 표를 참고하자.

금액	2019년	2020년	비교
6억 원	600만 원 (1%)	600만 원 (1%)	-
7억 원	1,400만 원 (2%)	1,169만 원 (1.67%)	▼ 231만 원
7.5억 원	1,500만 원 (2%)	1,500만 원 (2%)	-
8억 원	1,600만 원 (2%)	1,864만 원 (2.33%)	▲ 264만 원
9억 원	1,800만 원 (2%)	2,700만 원(3%)	▲ 900만 원

7억 5,000만 원보다 취득가가 낮은 사람은 바뀐 세법 덕분에 취득세가 낮아져서 좋아할 것이고, 반대로 7억 5,000만 원보다 취득가가 높은 사람은 바뀐 세법 때문에 취득세가 높아져 싫어할 수 있다. 그래서 정부는 2019년 12월 말까지 계약을 하고 2020년 3월 말까지 잔금을 낸다면 7억 5,000만 원이 넘어도 종전 규정을 적용해 법 개정으로 인한 피해를 피할 수 있도록 해줬다. 만약 잔금이 더 길게 남은 분양권이라면 2022년 12월 말까지 종전 규정을 적용받을 수 있다.

그다음으로 큰 변화는 주택에 대한 '취득세 감면 혜택'이 모두에게 적용되지 않는다는 것이다. 1가구 4주택자(이상)에게는 다른 부동산과 동일한 세율(4%)이 적용된다. 원래 이 감면 혜택은 과거 2014년도부터 주택 거래를 활성화하기 위해 도입된 제도로, 주택 매매 가격에 따라 1~3%로 감면 혜택을 주던 것이었다. 그러다가 '다주택자에게까지 이런 혜택을 줄 필요는 없다'라는 정부 뜻에 따라 2020년 1월 1일부터는 세대 기준 4주택이 되는 주택을 취득할 때는 감면 혜택을 없앴다. 예를 들어, 부모 그리고 자식 1명으로 구성된 1가구가 있는데 이들이 보유한 주택 수가 3채인 상태에서 이제 4번째 주택을 새롭게 취득한다면 기존 금액별로 1~3%가 아닌, 일괄적으로 4%를 적용하는 것이다.

이때 특히 주의해야 할 것은 '1세대(가구)'와 '주택 수' 부분인데 다음의 경우 동일 세대로 본다.

- 주민등록상 세대를 기준
- 다만, 배우자와 30세 미만인 미혼 자녀는 주민등록상 따로 거주를 해도 1세대에 포함된 것으로 간주
- 특히 취업 등으로 소득이 있는 자녀라 해도 30세 미만 미혼 이라면 1세대에 포함이므로 주의할 것

뒤에서 얘기하겠지만 양도소득세에서는 아무리 30세 미만, 미혼 자녀라 하더라도 취업 등으로 일정 소득이 발생하면 별도 세대를 구성할 수 있어 세대 분리가 가능하다. 하지만 여기에서 다루는 취득세는 이와 다르게 해석하니 주택 수 산정에 있어서 유의해야 한다.

다음으로 '주택 수' 부분 역시 조심해야 하는 내용이 있다. '지분으로 주택을 소유하면 1주택으로 간주'한다는 내용이다. 즉, 공동명의로 주택의 전체가 아닌 일부 지분만 가지고 있어도 취득세 주택 수 산정에 있어 카운트하겠다는 것이다. 단, 부부 공동명의와 같이 동일 세대 공동 소유를 하는 경우에는 해당 세대가 1주택을 소유하는 것으로 보므로 혼선이 있어서는 안 되겠다.

보유세에는 재산세, 종부세가 있다

부동산을 갖고만 있어도 내는 세금을 '재산세'라고 한다. 그리고 이러한 재산을 일정 기준 이상으로 갖고 있으면 '종합부동산세

(종부세)'도 낸다. 이렇게 보유세는 재산세와 종합부동산세로 구분된다. 종합부동산세는 일정 기준 자산을 초과해야 납부하는 세금이라서 '부자세(富者稅)'라고도 한다. 그동안 납부하는 사람은 상대적으로 소수였다. 하지만 최근 잇따른 정부의 고강도 부동산 대책, 그리고 공시 가격 현실화 등으로 종합부동산세 납세 의무자는 계속 증가하는 추세다. 2017년 종합부동산세 납세자 수는 39만 7,066명이었지만 2019년에는 46만 3,527명으로 16.7%나 증가했다.

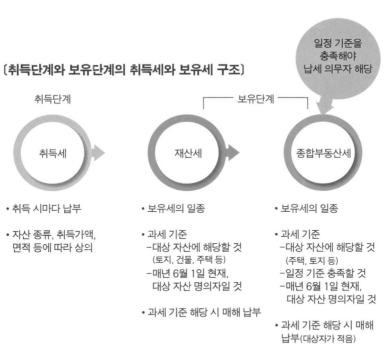

〔취득단계와 보유단계의 취득세와 보유세 구조〕

일정 기준을 충족해야 납세 의무자 해당

취득단계

보유단계

취득세

재산세

종합부동산세

• 취득 시마다 납부

• 자산 종류, 취득가액, 면적 등에 따라 상의

• 보유세의 일종

• 과세 기준
－대상 자산에 해당할 것 (토지, 건물, 주택 등)
－매년 6월 1일 현재, 대상 자산 명의자일 것

• 과세 기준 해당 시 매해 납부

• 보유세의 일종

• 과세 기준
－대상 자산에 해당할 것 (주택, 토지 등)
－일정 기준 충족할 것
－매년 6월 1일 현재, 대상 자산 명의자일 것

• 과세 기준 해당 시 매해 납부(대상자가 적음)

부동산 세금은 대략적으로라도 계산할 줄 알아야 한다

처음으로 돌아가 보자. 실거래가 5억 원인 주택(전용 면적 85제곱미터 이하)을 구입할 경우 취득세는 550만 원 정도가 나오고 해마다 재산세로 45만 원 정도를 납부해야 한다(재산세 관련해서는 뒤에서 설명하겠다). 집을 구하는 첫해에는 500만 원 넘게, 그리고 매해 45만 원을 내는 것이 부담될 수도 있다. 하지만 2년마다 이사 갈 집을 알아보는 데서 오는 스트레스, 이사 비용 등을 고려해보면 그리 많다고 할 수 없다(참고로 2,000cc급 자동차를 보유하면서 내야 하는 자동차세가 50만 원 정도다).

막연하게 세금이 많이 나올 것이라고 생각만 해서는 안 된다. 대략적으로라도 계산을 한 다음, 내 경제 상황에 맞게 의사 결정을 하는 자세가 필요하다.

취득세를 줄이는 노하우

Q 비록 취득세가 좀 나오긴 하지만 그래도 이번에 실거주 마련을 하는 게 여러모로 이득이 더 될 것 같습니다. 2년마다 이사 가는 것도 이제 지쳤어요.

A 그렇군요. 우선 축하드립니다. 좋은 집 잘 고르세요.

Q 이번에 제가 친구들에게 취득세와 재산세에 대해 알려줬더니 서로 자기들도 계산해보겠다고 하네요.

A 네, 좋습니다. 그러면 취득세 관련해서 유의해야 할 사항이 뭔지 살펴볼까요? 그래야 절세방법을 알 수 있습니다.

지금까지 취득세를 구하는 방식을 살펴봤다. 부동산 종류와 면적, 가격에 따라 달라지는 것이 핵심인데 이를 통해 취득세를 줄일 수 있는 방법까지 알 수 있다.

세대 기준 주택 수를 고려한다

앞서 살펴본 '취득세법 개정'으로 이제 1가구 4주택자부터는 취득세 감면 혜택을 받을 수 없다. 그리고 이러한 세대에는 배우자와 미혼인 30세 이하 자녀는 모두 포함이며, 특히 일부 지분을 가지고 있더라도 주택 수에 카운트되어 예상치 못한 곳에서 4주택자가 되는 바람에 4%의 취득세를 납부할 수 있으니 유념하도록 한다. 따라서 세대 기준에 포함될 수 있는 가족 구성원이 누구인지부터 찾은 후, 그들 명의로 된 주택이 어떤 것들이 있는지 꼼꼼하게 살펴봐야 할 것이다. 생각지 못한 주택 하나로 나도 모르게 거액의 취득세를 낼 수 있기 때문이다.

취득단계부터 공동명의 여부를 결정한다

뒤에서 얘기하겠지만 공동명의의 장점은 참으로 많다. 종합부동산세를 줄일 수 있으며 양도소득세도 절감할 수 있다. 그런데 사실 이러한 종합부동산세는 일정 수준의 자산을 보유하고 고지서를 받기 전까지는 잘 모르며 양도소득세 역시 해당 주택을 매도하는 시점이 되어서야 생각하는 경우가 많다. 그때가 되어서야 부랴부랴 절세법을 찾아본 후, '단독명의보다 공동명의가 절세 효과가 크구나'라는 사실을 깨닫는다.

지금 이와 같은 생각을 하는 독자가 많을 것이다. 그렇다면 지금이라도 공동명의로 변경을 해야 할까? 미안하지만 그렇게 하기에는 '이미 늦었다.' 왜냐하면 명의를 또 변경하면 취득세가 이중으로 들기 때문이다. 특히 가족 간에는 실제 돈이 오가는 '매매 거래'가 아닌 '증여'인 경우가 많은데 이때에는 일반적인 취득세율이 아닌 고율의 취득세율이 적용된다. 다음 내용을 보자.

증여하면 취득세율은 껑충 뛴다

부동산을 자녀 등 가족 구성원에게 증여하는 경우가 있다. 절세 차원에서 이뤄지는데 순간적인 착각으로 불필요한 취득세를 낼 수 있다.

앞의 '부동산 취득세'를 보면, 증여세는 무려 4.0%이다. 일반적인 매매라면 취득세가 1.1%인데 증여했다는 이유만으로 4.0%나 내야 하는 것이다. 물론 증여할 경우에 세율이 적용되는 대상 자산의 가액이 일반 시세보다 낮을 수 있어서 상대적으로 낮게 낼 수 있다. 하지만 아파트와 같은 부동산은 거래가 빈번하고 규격화가 되어 있기 때문에 현장의 시세가 적용될 수 있다. 또한 증여나 상속의 경우에는 사실 관계 확인 및 다른 세목(특히 소득세법)과의 적용 등 고려할 사항이 많기 때문에 반드시 사전에 전문가와 상의하는 것이 여러모로 절세에 도움이 된다.

취득세는 부동산 자산을 내 명의로 이전함과 동시에 발생되는 세금이다. 단 1원의 차이로 몇백만 원의 차이가 날 수 있다. 그러 므로 매입과 관련해 자금 계획을 세울 때 취득세를 반드시 빠짐없 이 잘 고려해야 한다.

보유세는 1단계가 재산세,
2단계가 종합부동산세다

Q 부동산은 금액이 꽤 크기 때문에 취득세 계산도 잘 해야겠습니다. 자 칫 잘못해서 자금이 부족해 힘들 수 있겠는데요?

A 네, 물론입니다. 종종 거래 가격만 생각하면서 자금 계획을 세우거나 취득세를 너무 작게 생각해서 당황하는 경우도 있습니다. 특히 처음부 터 공동명의를 고려하지 않고 단독명의로 했다가 나중에서야 후회한 다든지, 또는 동일 세대 구성원이 보유한 주택을 깜빡하는 바람에 불 필요한 취득세를 납부해야 하는 경우도 많아질 것입니다. 사전에 절세 전략을 세워야 하는 이유이기도 합니다.

부동산을 보유하기만 해도 내는 세금을 '보유세'라고 하며 '재산 세'와 '종합부동산세'로 구분한다. 세금이 두 종류나 된다고 겁부 터 먹지는 말자. 왜냐하면 재산세는 생각보다 적을 수 있고, 종합부동산세는 조건이 되는 사람만 내기 때문이다.

재산세는 공시 가격에 따라 달라진다

모든 세금은 과세표준과 세율만 알면 구할 수 있다고 했다. 재산세의 경우 역시 '과세표준×세율'의 식으로 계산한다(물론 누진공제가 적용된다면 차감한다).

재산세의 과세표준은 '공시 가격×공정시장가액비율(60%)'로 계산하면 나온다. 그리고 재산세의 세율은 다음과 같다.

〔재산세 과세표준 및 세율〕

과세표준	세율	누진공제액
6,000만 원 이하	0.1%	0 원
6,000만 원 초과~1억 5,000만 원 이하	0.15%	3만 원
1억 5,000만 원 초과~3억 원 이하	0.25%	18만 원
3억 원 초과	0.4%	63만 원

공시 가격은 공시지가라고도 부른다. '공정시장가액비율'은 공시 가격 전체가 아닌 일부분에 대해서만 매기기 위해 현재 60%로 되어 있다(주택 시세, 지방 재정 여건, 납세자의 납세 부담 등을 고려해 정부가 결정하고 고시한다). 공시 가격을 알 수 있다면 재산세의 과세표준을 구할 수 있다.

공시 가격은 국토부 장관이 조사·평가하여 공시하는 표준지의 단위 면적당 가격으로 양도세, 상속세, 증여세 등 각종 세금의 과세 기준이 된다. 그렇다면 내가 보유하고 있는 주택의 공시 가격을 어떻게 확인할 수 있을까?

'부동산 공시 가격 알리미' 사이트(www.realtyprice.kr)에 들어가면 알 수 있다. 맨 위에 '개별 단독 주택 공시 가격', '표준 단독 주택 공시 가격', '공동 주택 공시 가격' 등이 나오는데 자신이 궁금한 부분에 맞게 클릭하면 다음 단계로 넘어간다(사람들이 주로 거주하는 빌라, 아파트 등의 경우라면 '공동 주택 공시 가격'을 클릭한다). 클릭해서 들어가면 '공동 주택 가격 열람'이 나온다. 보유하고 있거나 관심 있는 아파트가 위치한 지역을 선택해서 검색하면 드디어 공시 가격이 나온다.

사례를 하나 들면서 계산과정을 알아보자. 앞의 과정을 통해 서울 중랑구의 C 아파트를 확인해보니 공시 가격이 2억 8,400만 원이다(시세는 4억 원 초반으로 형성되어 있다). 그렇다면 과세표준은 다음과 같다.

- 공시 가격×공정시장가액비율(60%)

  =2억 8,400만 원×60%=1억 7,040만 원

이제 여기에 해당하는 세율을 곱한다. 56쪽의 '재산세 과세표준 및 세율'을 보니 과세표준 1억 7,040만 원이 해당하는 과세표준 구간(1억 5,000만 원 초과~3억 원 이하)의 세율은 0.25%, 누진공제액은 18만 원이다.

1장에서 말했듯이 과세표준 1억 7,040만 원에 단순히 0.25%를 곱하면 안 된다. 누진세율이기 때문에 6,000만 원까지는 0.1%, 그리고 6,000만 원에서 1억 5,000만 원까지는 0.15%, 그리고 이후 초과분에 대해서는 0.25%를 각각 곱해야 한다.

복잡할 수도 있기 때문에 표에 나온 '누진공제액'을 적용하면 쉬워진다. 과세표준이 속하는 구간을 찾고 해당하는 세율을 곱한 다음, 누진공제액을 빼도 같은 결과가 나온다. 계산식으로 하면 다음과 같다.

- 1억 7,040만 원(과세표준)×0.25%(세율) - 18만 원(누진공제액) = 246,000원(세금)

시세가 4억 원 초반인 아파트를 보유할 경우 1년에 납부해야 하는 재산세가 약 25만 원인 것을 알 수 있다. 어떤가? 생각보다 계산과정이 쉽지 않은가? 물론 '순수' 재산세이다. 여기에 지방교육세, 도시지역분(옛 도시계획세)이 추가된 금액(재산세에 따라 정해진 요율 적용)이 내야 하는 재산세로 청구된다.

아무나 낼 수 없는 종합부동산세

앞에서 종합부동산세(종부세)는 '부자세'라고 부르기도 한다고 말했다. 일정 기준을 넘어야만 납세 의무자가 되기 때문이다. 물론 점차 증가하는 추세이기는 하지만, 종합부동산세 납세자는 현재 우리나라 전체 인구의 약 1%(=46만 명÷5,100만 명, 2019년도 기준) 정도로 파악되고 있다. 그러나 정부의 연이은 고강도 대책으로 일단 종부세 납세자가 된다면 그에 따라 부담해야 하는 세 부담은 상당하다. 특히 보유 주택 수에 따라 그 차이는 더욱 극명하게 나뉘는데, 이러한 종부세의 납세 대상은 누가 되는 것일까?

〔종합부동산세 과세 대상〕

유형별 과세 대상	공제액
주택(주택 부속 토지 포함)	주택 공시 가격 6억 원 (1가구 1주택자 9억 원)
종합 합산 토지(나대지·잡종지 등)	토지 공시 가격 5억 원
별도 합산 토지(상가·사무실 부속 토지 등)	토지 공시 가격 80억 원

- 주: '1가구 1주택자'란 거주자로서 세대원 중 1명만이 재산세 과세 대상인 1주택을 단독으로 소유한 경우를 말함.
- 출처: 국세청

종합부동산세 과세 대상은 크게 3가지다. 우선 주택인데 여기에는 주택 부속 토지를 포함한다. 앞서 살펴본 주택 공시 가격을 구해서 1주택이면 9억 원, 2주택 이상이면 6억 원을 초과할 경우 납세 의무자가 된다.

그다음으로 종합 합산 토지가 있는데 전국의 모든 토지 중에서 분리 과세 대상 토지와 별도 합산 대상 토지, 비과세 혹은 과세 경감 토지를 제외한 모든 토지를 의미한다. 예를 들어, 놀고 있는 땅(나대지)이나 임야, 기준 면적을 초과한 공장용지 등이 해당한다. 간단하게 나대지, 잡종지 등의 토지 공시 가격 합이 5억 원을 초과하면 종합부동산세 과세 대상이 된다고 보면 된다.

마지막으로 별도 합산 토지가 있다. 주로 일반 영업용 또는 사업용 건축물로 쓰이는 토지를 말한다. 상가·사무실 부속 토지가 대표적인데 합계액이 80억 원을 초과해야 대상이 된다.

종부세도 재산세와 마찬가지인 '과세표준×세율 − 누진공제액'의 식으로 계산한다. 우선 종부세의 과세표준은 '(주택 공시 가격의 합−6억 원)×공정시장가액비율'로 계산하는데(인별 기준이며 1가구 1주택이면서 단독명의인 경우, 공제액을 9억 원까지 차감), 이때 공정시장가액비율은 재산세와 달리 90%이다(2020년도 기준). 당초 80%였던 공정시장가액비율은 해마다 5%p씩 상승해 2021년도에는 95%, 2022년도에는 100%까지 상승한다. 이 말은 보유하고 있는 주택의 공시 가격이 6억 원이 넘을 경우(1주택 단독명의는 9억 원 초과분) 해당 주택의 공시 가격이 그대로라고 하더라도 종부세는 2022년까지 계속해서 오른다는 것을 의미한다. 따라서 이것만 보더라도 인별 기준, 2주택 이상인 경우에는 종부세 부담이 커질 수밖에 없다. 하지만 이는 종부세 과세표준부분에 해당하는 것이며, 또 다른 요소인 '세율' 역시 세 부담이 증가하는 방향으로 바뀌었다. 다음 세율표를 보자.

과표 (대상)	일반			3주택 이상 + 조정대상지역 2주택		
	현행	개정		현행	개정	
3억 원 이하 (1주택 17.6억 원 이하 다주택 13.3억 원 이하)	0.5%	0.6%	+0.1%p	0.6%	0.8%	+0.2%p
3~6억 원 (1주택 17.6~22.4억 원 다주택 13.3~18.1억 원)	0.7%	0.8%	+0.1%p	0.9%	1.2%	+0.3%p
6~12억 원 (1주택 22.4~31.9억 원 다주택 18.1~27.6억 원)	1.0%	1.2%	+0.2%p	1.3%	1.6%	+0.3%p
12~50억 원 (1주택 31.9~92.2억 원 다주택 27.6~87.9억 원)	1.4%	1.6%	+0.2%p	1.8%	2.0%	+0.2%p
50~94억 원 (1주택 92.2~162.1억 원 다주택 87.9~157.8억 원)	2.0%	2.2%	+0.2%p	2.5%	3.0%	+0.5%p
94억 원 초과 (1주택 162.1억 원 초과 다주택 157.8억 원 초과)	2.7%	3.0%	+0.3%p	3.2%	4.0%	+0.8%p

• 공시 가격 현실화율 70%, 공정시장가액비율 90%를 적용했을 경우
• 단, 12·16 대책 때 발표한 종부세 개정안이 20대 국회에서 통과되지 않음에 따라 실질적인 추가 세 부담은 2021년도부터 적용될 전망이다.

위 표는 지난 2019년 12월 16일에 정부가 발표한 〈주택 시장 안정화 방안〉 보도자료에 나왔던 것으로 종부세 과세표준에 따른 세율을 보여주는 표이다. 눈여겨볼 부분은 오른쪽에 있는 '3주택 이상+조정대상지역 2주택'이다. 3주택이면서 조정대상지역 2주택이 아닌, 총 보유 주택 수가 3주택 이상이거나(지역 불문) 조정대상지역에 2주택이 있는 사람은 그 대상이라는 것을 의미한다. 왼쪽에 있는 '일반'은 여기에 해당하지 않는 경우를 의미한다.

먼저 왼쪽에 있는 '일반'을 보자. 0.5~2.7%였던 종부세 세율을

0.6~3.0%로 0.1%p~0.3%p 상향시키고자 한다. 하지만 오른쪽에 있는 '3주택 이상+조정대상지역 2주택(다시 말하지만 보유 주택 수가 3주택 이상이거나 조정대상지역 2주택만 보유해도 해당된다)'인 경우에는 이번 종부세 개정을 통해 최소 0.8%에서 최고 4.0%의 세율을 부담해야 한다.

다시 왼쪽에 있는 '과표(대상)'를 보자. 종부세 과표 금액에 따라 1주택 혹은 다주택으로 대략적인 대상을 구분해 놓은 것인데 이때 다주택은 조금 전 살펴본, 보유 주택 수가 3주택 이상이거나 조정대상지역에 위치한 주택이 2주택 이상인 사람을 대상으로 함을 알아두자. 그리고 표 밑에 있는 설명대로 공시 가격은 시세의 70%로 가정하고 공정시장가액비율은 2020년도 종부세 기준인 90%를 적용한 것이다. 즉, 1주택자이면서 단독명의일 경우 그 집의 시세가 17.6~22.4억 원에 해당된다면 종부세 세율은 0.6%에 해당이 된다. 보유 주택 수가 3주택도 아니고 조정대상지역 2주택도 아니라서 '일반'에 해당하기 때문이다.

마찬가지로 이번에는 보유하고 있는 주택의 수가 3주택 이상이거나 조정대상지역 2주택이면서 해당 주택의 시세를 모두 더한 금액이 대략 13.3억 원 이하라면 종부세 과표 3억 원 이하에 해당할 확률이 높다(공시 가격 현실화율 70%로 가정한 것으로 일부 오차는 날 수 있다). 단, 이 경우 '일반'의 종부세 세율이 아닌 '3주택 이상+조정대상지역 2주택'의 세율을 적용해야 하므로 0.8%로 껑충 뛴다.

이런 식으로 볼 경우 1주택자가 소유하고 있는 집의 시세가 17.6억 원이라면, 공시 가격 현실화율을 70%로 가정했으므로 해당 주택의 공시 가격은 약 12.3억 원(17.6억 원×70%), 여기에 공시 가격 차감액 9억 원(1주택 단독명의라서 그렇다)을 적용하면 3.3억 원(12.3억 원-9억 원), 다시 여기에 공정시장가액비율 90%를 곱하면 종부세 과표는 약 3억 원(3.3억 원×90%)이 된다. 당연히 1주택 단독명의인데 종부세 과표가 3억 원을 초과하려면 그 이상의 시세, 즉 17.6억 원은 넘어야 하는 것이다.

하지만 다주택자는 상황이 다르다. 일단 보유 주택 수가 2채 이상이 되는 순간, 공시 가격의 합에서 차감하는 금액이 9억 원이 아닌 6억 원으로 내려간다. 따라서 앞의 표에서 보는 것처럼 1주택자는 시세 17.6억 원이지만 다주택자는 그보다 낮은 13.3억 원 정도의 시세라면 충분히(?) 종부세 과표가 3억 원에 근접하게 된다. 그렇지 않아도 보유 주택 수가 2채 이상이라 이에 대한 공시 가격을 더하면 그 값이 커질 것인데, 그 기준점이 낮아지기 때문에 다주택자는 더 큰 부담을 지게 된다. 그리고 그렇게 나온 종부세 과표에는 앞서 살펴본 것처럼 정부가 훨씬 더 고율의 세율을 적용하여 종부세 부담을 한층 강화했다.

그렇다면 3주택자인 경우 종부세는 얼마나 더 증가할까? 다음 사례를 통해 종부세 부담이 얼마나 커질지 예측해보자.

가장 먼저 해당 주택의 공시 가격의 합을 구해야 한다. 공시 가격은 앞에서 말했던 '공동 주택 가격 열람'을 통해 확인할 수 있다. 3주택 각각의 공시 가격이 3억 원, 4억 원, 5억 원이라고 가정해보자. 그러면 다음과 같은 결과가 나온다.

- 종부세 과세표준(18년 기준): (3억 원+4억 원+5억 원-6억 원)×80%(공정시장가액비율, 18년 기준)=4억 8,000만 원
- 종부세: 4억 8,000만 원×0.5%(18년 세율)=240만 원

이제 2019년도 기준으로 해보면 다음과 같다.

- 종부세 과세표준(19년 기준): (3억 원+4억 원+5억 원-6억 원)×85%(공정시장가액비율, 19년 기준)=5억 1,000만 원
- 종부세: 5억 1,000만 원×0.9%(19년 세율, 3주택자)-90만 원=369만 원

2020년도에는 더욱 상승할 것이다. 그리고 한 가지 더, 아직 해당 주택의 공시 가격은 3억 원, 4억 원, 5억 원으로 '그대로'라고 가정했다. 하지만 주택의 가격이 올라가면 해당 주택의 공시 가격은 그에 따라 상승한다. 게다가 정부 역시 공시 가격을 '현실화'하겠다며 보유세 부담을 한층 더 올리겠다고 공언하고 있다. 따라서 우리는 이러한 보유세를 줄이는 방법에 대해 알고 있어야 한다.

04

보유세를 줄이는
노하우

Q 보유만 해도 내야 하는 재산세와 종부세 등 확인할 것이 많네요….

A 네, 그렇습니다. 재산세는 누구나 내야 하므로 계산법을 알아놓으면
됩니다. 종부세 관련해서는 공시 가격의 합이 기준점을 초과하느냐,
하지 않느냐를 확인하면 됩니다.

Q 그런데 재산세와 종부세를 줄일 수 있는 방법이 있을까요? 세금은 얼
마 나오는지를 안 다음에 어떻게 줄여야 하는지에 대해 고민해야 한다
고 하셨죠?

A 하하, 맞습니다. 잘 기억하고 계시네요. 그렇다면 이에 대한 방법을 살
펴볼까요?

'6월 1일'이 중요하다

세법은 재산세와 종합부동산세의 과세 날짜를 매년 6월 1일로

정하고 있다. 즉, 해당 일 소유자에게 재산세와 종합부동산세를 부과하고 있는 것이다. 문제는 1년 치 전부를 부과한다는 것이다. 예를 들어, A가 B의 아파트를 사서 5월 말에 소유권을 이전했다면 6월 1일에 떼본 등기부등본의 소유자는 A로 나온다. 그 전까지는 매도자 B가 해당 아파트를 소유하고 있었는데도 과세 기준일 소유자인 A가 내야 한다. B가 살았을 때의 재산세를 내는 꼴이 된다. 그렇다면 이런 상황에 어떻게 대비할 수 있을까?

매수자 입장이라면 어떻게든 부동산 취득일자를 6월 1일 이후로 미뤄야 한다(참고로 부동산 취득일자는 잔금일과 등기 이전일 중 빠른 날이다). 매도자 입장이라면 반대로 해야 한다. '6월 1일'에 대해 거래 상대방이 모를 때 고려해본다. 상대방이 매수·매도 경험이 많은지, 적은지를 어느 정도 파악할 수도 있다.

만약 매도자, 매수자 모두 이러한 사실을 잘 알고 있다면 어떻게 해야 할까? 거주 기간을 기준으로 분할하여 서로가 부담하자고 제안한다. 매도자가 전년도 6월 1일 이후 6개월 정도 살았다면 기존 재산세의 절반 정도를 부담해달라고 제안하는 것이다.

처음부터 계약 날짜를 내게 유리하도록 하는 것도 방법이다. 보통 매매 시 잔금 지급 기한을 2개월 정도인 점을 고려해 매도자라면 2월 중에 물건을 내놓고 잔금은 늦어도 5월 중순 정도에 받도록 한다. 매수자라면 반대로 4월 이후에 물건을 계약하고 잔금일은 6월 1일 이후로 한다.

종합부동산 대상에서 아예 제외되는 경우도 있다

재산세와 종합부동산세의 과세 기준일은 6월 1일이라고 앞에서 설명했다. 주택의 경우 이때 발생한 재산세의 절반은 7월 16일부터 7월 31일까지, 나머지 절반은 9월 16일부터 9월 30일까지 납부하도록 되어 있다. 동시에 국세청에서는 종합부동산세 납세 의무자에게 보유하고 있는 부동산 자산 중 종합부동산세 과세 대상에 해당하지 않는 부동산이 있다면 '합산 배제'를 신청하라는 안내문을 9월에 발송한다. 해당하는 부동산이 있다면 가급적 합산 배제 신청을 하는 것이 좋다.

이렇게 하는 이유는 종합부동산세 고지에 앞서 납세 의무자의 성실 신고를 유도하기 위함이다. 합산 배제 신고 여부는 선택 사항이다. 기본적으로는 과세관청에서 해당 내용을 파악하고 종합부동산세를 부과한다. 그래도 성실 신고를 유도하는 동시에 혹시 모를 자료 누락 등을 방지하고자 일정 기간(매해 9월 말)에 합산 배제 신청을 받는 것이다.

종합부동산세 과세 대상에서 제외된다는 점 때문에 악용하려고 일부러 대상이 아닌 부동산을 신고하는 사람도 있다. 하지만 향후 신고가 잘못된 것이 밝혀지면 해당 세액을 토해낼 뿐만 아니라 가산세까지 덧붙여서 내야 하니 처음부터 하지 않는 것이 좋다.

신고 대상으로는 여러 가지가 있지만 가장 대표적인 것이 주택 임대사업 관련 주택이다. 과세 대상일인 6월 1일 현재, 주택 임대사업자 등록을 하고 임대 중인 임대 주택이어야 한다. 임대는 6월 1일 이전부터 하고 있었으나 사업자 등록이 되지 않았다면 합산 배제 신청 기간인 9월 말까지는 지방자치단체와 세무서에 임대사업 등록을 할 경우 혜택을 받을 수 있다. 하지만 조심해야 할 부분

[합산 배제 임대 주택 세부 요건]

주택 유형	주거 전용 면적	주택 수	공시 가격	임대 기간	임대료
건설 임대	149㎡ 이하	전국 2호 이상	6억 원 이하1)	5년 이상2)	연 증가율 5% 미만3)
건설 임대 주택 중 장기 일반 민간 임대 주택	149㎡ 이하	전국 2호 이상	6억 원 이하1)	8년 이상4)	연 증가율 5% 미만3)
매입 임대	-	전국 1호 이상	6억 원 이하5) (비수도권 3억 원 이하)	5년 이상2)	연 증가율 5% 미만3)
매입 임대 주택 중 장기 일반 민간 임대 주택	-	전국 1호 이상	6억 원 이하5) (비수도권 3억 원 이하)	8년 이상4)	연 증가율 5% 미만3)
기존 임대6)	국민주택 규모 이하7)	전국 2호 이상	3억 원 이하8)	5년 이상	-
미임대 민간 건설 임대	149㎡ 이하	-	6억 원 이하9)	-	-
리츠 · 펀드 매입 임대	149㎡ 이하	비수도권 5호 이상	6억 원 이하9)	10년 이상	-
미분양 매입 임대	149㎡ 이하	비수도권 5호 이상	3억 원 이하10)	5년 이상	-

- 주: 1) 2호 이상 주택 임대를 개시한 날(2호 이상 주택 임대 개시일 이후 임대한 주택의 경우에는 그 주택의 임대 개시일) 또는 최초 합산 배제 신고연도의 과세 기준일 현재 공시 가격
  2) 민간 건설 임대 주택의 경우 2018년 3월 31일 이전에 임대 사업자 등록과 사업자 등록을 한 주택으로 한정
  3) 2019년 2월 12일 이후 임대차 계약을 갱신하거나 새로 체결하는 분부터 적용
  4) 2018년 4월 1일부터 시행
  5) 해당 주택 임대를 개시한 날 또는 최초 합산 배제 신고연도의 과세 기준일 현재 공시 가격
  6) 임대사업자 지위에서 2005년 1월 5일 이전부터 임대하던 주택
  7) 전용 면적 85㎡(단, 수도권을 제외한 도시 지역 외 읍 · 면 지역은 100㎡) 이하
  8) 해당 주택의 2005년도 과세 기준일 현재 공시 가격
  9) 합산 배제 신고를 한 연도의 과세 기준일 현재의 공시 가격
  10) 5호 이상 주택의 임대를 개시한 날 또는 최초 합산 배제 신고연도의 과세 기준일 현재 공시 가격
- 출처: 국세청 사이트 내 성실 신고 지원 합산 배제 임대 주택 재구성

이 있다. '5장 나도 부동산 사업자'에서 설명하겠지만, 지난 '9·13 대책(2018년)'으로 인해 1주택 이상자가 조정대상지역에서 신규로 취득한 주택의 경우 공시 가격이 6억 원 이하(수도권 외 3억 원 이하)라고 해도 이러한 종합부동산세 합산 배제 혜택은 받을 수 없게 됐다.

68쪽 표 '합산 배제 임대 주택 세부 요건'과 관련해서 확인이 필요하거나 문의사항이 있다면 국세청 홈택스 홈페이지(www.hometax.go.kr)에서 '신고/납부→일반 신고→종합부동산세 합산 배제 신고' 순으로 들어간다. 내가 보유한 부동산 물건 정보 조회 및 신고서 작성, 그리고 제출이 가능하다. 그리고 국세청 홈페이지에서 '성실 신고 지원→종합부동산세→신고 서식 및 첨부 서류' 순으로 들어가면 관련 신고 서식을 다운받을 수 있다. 국세상담센터 126번(1번→3번)을 통해서도 도움을 받을 수 있다. 간혹 합산 배제가 되어야 할 임대 주택이 종합부동산세 과세 대상으로 계산되어 나오는 경우가 있으니 재산세와 종합부동산세에 대해서 잘 알고 있어야 한다.

보유세를 줄이는 또 하나의 노하우가 바로 (부부)공동명의다. 종합부동산세는 물론 3장에서 살펴볼 양도소득세에서도 매우 중요한 절세 포인트이므로 확실히 알아놓자.

보유세 절세를 위한
공동명의의 필요성

Q 주변에서 집 살 때 반드시 공동명의를 하라고 합니다. 공동명의가 그렇게 좋나요?

A 물론입니다. 공동명의를 하느냐, 하지 않느냐에 따라 아낄 수 있는 세금이 몇십만 원에서 수천만 원까지 차이가 날 수 있어요. 단지 명의를 단독으로 했느냐, 공동으로 했느냐 그 차이인데 말이죠.

Q 아니, 어떻게 그럴 수가 있죠? 그럼 무조건 공동명의로 해야겠네요?

A 우선 보유세를 중심으로 살펴보겠습니다.

특별한 경우가 아니라면 거의 모든 면에서 공동명의가 유리하다. 가장 일반적으로 배우자와 공동명의를 하기 때문에 '공동명의'라고 하면 '부부 공동명의'만 가능하다고 생각하는데 그렇지 않다. 가족, 친척, 그리고 타인과 해도 상관없다. 그런데 향후 매도 시 공동명의자의 협조가 반드시 필요하기 때문에 믿을 만한 사람과 하는 것이 좋다. 그래서 일반적으로는 부부 공동명의를 하는 것이다. 요즘에는 공동 투자자나 사전 증여를 통한 부모와 자식 간의 공동명의도 점차 늘어나는 추세다.

그렇다면 보유세 관련해서 공동명의가 어떻게 유리할까? 사실 재산세 관련해서는 공동명의가 큰 도움이 되지 않는다. 재산세는 공동 주택 가격(아파트 공시 가격) 전체를 기준으로 산정하기 때문에 단독명의이든, 공동명의이든 동일하게 나온다. 재산세가 100만 원이라면 단독명의의 경우 해당 명의자에게 100만 원이 부과되며 공동명의의 경우에는 각각 50만 원이 부과된다. 총액은 100만 원으로 동일한 것이다. 취득세 역시 마찬가지다. 하지만 이 부분만 따져서 공동명의를 하지 않는다면 큰 손해를 본다. 또 다른 보유세인 종합부동산세에 있어서는 전혀 다른 결과가 나오기 때문이다.

종합부동산세는 인별(人別)로 부과하기 때문에 개인별 과세 대상 여부를 따진다. 세대별 합산을 하다가 2008년 말 세대별 합산이 위헌판결을 받아 다시 개인별 합산으로 변경되었다. '크게 다른가?'라고 생각할 수 있을지 모르겠지만 부동산이 많은 사람들에게는 매우 민감한 이슈였다.

앞에서 개인별로 보유한 주택 공시 가격의 합이 6억 원을 초과하면 종합부동산세 대상이 된다고 했다. 다음 그림을 보자.

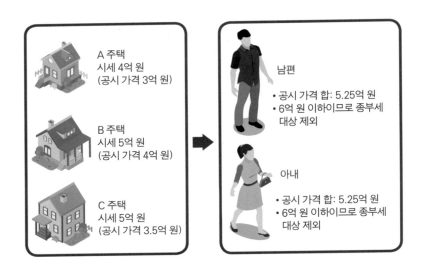

A 주택
시세 4억 원
(공시 가격 3억 원)

B 주택
시세 5억 원
(공시 가격 4억 원)

C 주택
시세 5억 원
(공시 가격 3.5억 원)

남편
• 공시 가격 합: 5.25억 원
• 6억 원 이하이므로 종부세
대상 제외

아내
• 공시 가격 합: 5.25억 원
• 6억 원 이하이므로 종부세
대상 제외

왼쪽 그림을 보자. 남편이 단독명의로 A~C 주택을 다 보유하고 있다. 공시 가격 합이 10.5억 원(3억 원+4억 원+3.5억 원)이므로 6억 원이 초과되어 해당 연도 12월에 종합부동산세를 납부해야 한다 (앞서 살펴본 계산법대로 해보면 180만 원 정도가 나온다).

이번에 오른쪽 그림을 보자. 같은 조건의 주택을 부인과 공동명 의로 한 경우다(편의상 남편과 부인이 명의를 5대 5로 동일하게 공동으로 했다고 하자). 보면 알 수 있듯이 재미있는 결과가 나왔다.

우선 남편 명의의 공시 가격 합을 구해보자. 10.5억 원의 절반인 5.25억 원이다. 과세 대상 기준이 되는 6억 원 이하이기 때문에 종 합부동산세 대상에서 제외되었다. 명의만 공동으로 했는데 1년에 200만 원 가까운 종합부동산세를 줄일 수 있었다. 아내 역시 마찬 가지다. 이 상태에서 주택을 1채 추가하면 둘 다 종부세 대상자가 될 것이다.

이 외에도 공동명의의 장점은 많다. 양도소득세 절세에서도 매우 효과적이다. 실제 계산해서 얼마나 절감되는지를 알게 되면 지금이라도 단독명의에서 공동명의로 변경하려는 사람이 많을 것이다(물론 그렇게 하면 취득세 발생 등 추가적으로 고려해야 하는 사항이 생기니 유의한다. 이래서 세금은 사전 작업이 중요하다). 그리고 주택 임대소득 산정에 있어서도 명의로 인한 수입 금액 분산으로 절세가 가능하다. 공동명의자 중 한 사람이 단독으로 해당 물건을 매도하거나 담보 대출을 받는 것, 보증을 서는 것도 방지할 수 있다. 공동명의를 핑계로 지인의 보증 부탁 등을 거절할 수도 있다.

하지만 고려 사항도 있다. 담보 대출 시 간혹 한도가 적게 나오거나(명의자 중 한 명의 신용 등급이 아주 좋지 않은 경우) 명의자 중 한 사람이라도 반대하면 매도가 힘들 수 있다(가끔 장점이 되기도 한다). 서로 합의가 되어 매도를 진행해도 명의자 모두가 준비해야 하는 서류가 있을 수 있어 다소 불편하기도 하다. 특히 요즘처럼 집값이 상승하는 시기에는 '증여 이슈'도 고려해야 한다. 초고가 주택(시세 20억 원 가정)을 공동명의로 할 경우 소유한 지분에 해당하는 만큼 증여로 볼 수 있는데 상대방의 증여 공제가액 한도(예 배우자라면 10년 6억 원)를 넘으면 증여세가 나올 수 있으므로 사전에 확인이 필요하다. 또한 공동명의로 된 주택을 임대 주택으로 등록할 때 '공동명의로 된 사업자'가 필요한데 이 중 한 명이 피부양자로 되어 있는 경우 사업자를 내고 주택 임대 소득에 대해 소득이 발생한다면 피부양자 자격이 박탈될 수도 있다.

그럼에도 공동명의의 장점이 단점보다 훨씬 많은 것이 사실이다. 이제부터 매수할 때 공동명의를 한 번쯤 고려해보자. 등기한 다음에 공동명의로 전환하려면 비용이 추가적으로 들고 실익이 없는 경우도 많으니 미리 준비해서 후회하는 일이 없도록 하자.

재산세, 종합부동산세 간단하게 계산하기

부동산 세금 관련해서 상담하거나 강의할 때 참석한 사람들 중에게서 다음과 같은 하소연을 생각보다 많이 듣는다.

"이번에 종합부동산세 대상자가 되는 바람에 생각하지도 못한 세금을 냈습니다. 한도(개인별 공시 가격 합 6억 원)가 거의 됐다는 걸 알았다면 매수 시기를 좀 조절했을 텐데 괜히 생돈 날아간 것 같아 속상합니다."

급하게 매수하지 않아도 되었는데 과세 기준일인 6월 1일 며칠 전에 매수하는 바람에 재산세를 더 내거나 종합부동산세 과세 기준에 해당되어 추가 부담을 한 경우를 많이 봤다. 하지만 지금 아니면 못 살 것 같아 바로 계약하는 경우도 부동산 현장에서는 다반사인데 보유세의 기준이 되는 공시 가격을 매번 외우고 다닐 수도 없지 않은가? 무슨 좋은 방법이 없을까?

보통 공동 주택의 공시 가격은 시세의 60~70% 정도로 형성된다. 대략적인 수치지만 내가 종합부동산세 대상자인지, 아닌지를 간단하게 파악할 수 있다.

① 공시 가격은 시세의 70%를 반영한다고 가정한다(다소 보수적으로 접근하기 위해서 정한 수치다).

② 내가 소유한 공동 주택의 시세 합계액을 구한다. 이때 명의별로 계산해야 한다. 예를 들어, 본인 단독명의의 A 주택(시세 5억 원)과 부부 공동명의의 B 주택(시세 4억 원)을 갖고 있다면 시세 합계액은 7억 원이 된다[5억 원+2억 원(4억 원×50%)].

③ 시세 합계액 7억 원에 ①에서 말한 '70%'를 곱하면 4.9억 원이 나온다. 현재 보유한 공동 주택의 대략적인 공시 가격 합계액이다. 6억 원 이하라 종합부동산세 대상자는 아니다. 하지만 이는 어디까지나 대략적인 계산법임을 잊지 말자.

앞에서 살펴본 계산법과 크게 다르지 않다. 단, 여기에서는 공시 가격이 시세의 60~70%라는 점을 이용하여 개별 공동 주택의 공시 가격을 조회하지 않고 빠르게 종합부동산세 대상자 여부를 확인할 수 있는 간편 계산식을 제시한 것이다. 세금에 대해 본인이

민감하다면 '70%'를 더 높게 잡고, 다소 덜 민감하다면 60% 정도로 잡는다. 무엇보다 공시 가격의 합이 6억 원에 접근할수록 추가적인 주택 구입의 시기를 조절할 필요가 있다는 것이 중요하다. 특별한 이유가 없다면 6월 1일이 지나고 나서 추가적으로 구입하는 것이 보유세 절세 측면에서는 좋다. 새로 산 주택의 개별 재산세뿐만 아니라 종합부동산세도 피할 수 있기 때문이다.

이 방법은 쉽지만 매우 효과적이다. 자신이 보유한 주택의 시세 합계는 금방 낼 것이다. 거기에 60% 또는 70%를 곱해서 종합부동산세 대상자인지 파악한 다음에 추가 매수나 매도 계획을 세우자. 단, 이 방법은 공시지가가 시세의 대략 60~70%에 해당한다는 점을 이용해서 간략하게 계산해본 것이다. 여기에 정부는 '공시 가격 현실화'를 통해 공시 가격을 시세에 근접하도록 계속 조정하고 있음을 유의하자. 따라서 정확한 재산세, 종합부동산세 금액을 알기 위해서는 반드시 개별 부동산의 공시지가를 확인하도록 한다. 앞으로 우리는 상황에 맞게 좀 더 빠른 방식으로 의사 결정을 하도록 해야 한다.

투자 수익률의 완성,
양도소득세

부동산을 보유하고 있다면 언젠가는 처분해야 하는 시기가 온다. 거주용 부동산이라면 좀 더 좋은 거주지로 이사가기 위해, 투자용 부동산이라면 목표한 수익을 달성했거나 더 좋은 투자 기회를 찾아 매도한다. 이때 마지막으로 내야 하는 세금이 있으니 바로 '양도소득세'다. 특히 양도소득세를 납부한 후에 남은 금액이 실질적인 수익(률)이기 때문에 실거주자든, 투자자든 반드시 알아야 하는 세목이다.

이번 장에서는 많은 사람이 제일 궁금해 하는 양도소득세의 개념과 계산과정에 대해 살펴본다. 특히 구체적인 계산과정과 사례를 살펴보면서 현장에서도 바로 응용이 가능하도록 하고자 한다. 그렇게 되면 자신이 원하는 투자 수익률을 바로 확인할 수 있게 된다. 물론 가장 큰 혜택인 '양도소득세 비과세'에 대해서도 자세히 살펴볼 것이다. 한번 배워놓으면 평생 써먹는 양도소득세 절세법, 지금부터 알아보자!

양도소득세의 특징

양도소득세는 보유 중인 부동산을 매각할 때 반드시 내야 하는 세목이기 때문에 제대로 숙지할 필요가 있다. 특히 앞에서 봤던 재산세, 종부세에 비해 절세 포인트가 다양하고 복잡하며 법에서 정한 비과세, 감면 등과 관련한 다양한 혜택이 있기 때문에 가장 중요한 절세법이라고 할 수 있다.

양도소득세는 소득세 중 하나

혹시 기억하는가? 앞에서 소득세의 종류에는 8가지가 있다고 했다. 이자·배당·사업·근로·연금·기타, 그리고 퇴직·양도세가 그것이다. 이자에서부터 기타까지 6개는 종합과세 대상이며, 퇴직과 양도의 경우에는 분류과세라고 한다. 종합과세 대상은 말 그대로 6개의 소득을 종합, 합산해서 세금을 매긴다. 반면 분류과세는 이 6개와는 별도로 구분하여 각각 계산한다. 종합소득 대상은 수시로 빈번하게 발생하는 바람에 1년 단위로 기간을 정해서 세금을 매길 필요가 있지만, 퇴직과 양도의 경우에는 그렇게 빈번하게 일어나지 않기 때문이다. 평생에 걸쳐 퇴직을 수시로 하는 사람은 거의 없으며 집을 수시로 파는 사람도 거의 없지 않은가.

양도소득세는 소득세의 종류 중 하나라는 사실이 중요하다. 그래서 기본 계산과정이 다른 소득과는 차이가 나도 세율은 동일하게 적용받는다. 즉, 세금 계산의 가장 기본이 되는 과세표준이 구해지면 여기에 적용하는 기본 세율은 다른 소득세의 그것과 같다는 말이다.

양도소득세에 대해 알아보겠다면서 인터넷에서 '양도소득세법'이라고 검색하는 경우가 있는데 그렇게 해서는 원하는 결과를 얻을 수 없다. '소득세법'으로 검색한 다음, 해당 법조문 제88조(정의)부터 봐야 한다.

양도소득세의 특징 ① 유상

소득세법 제88조에 '양도'란 자산에 대한 등기 여부와 상관없이 그 자산을 유상(有償)으로 사실상 이전하는 것이라고 나와 있다. 여기에서 가장 중요한 단어가 바로 '유상(有償)'이다. 즉, 돈을 주고

받아야 하는 것이다. 돈이 오가지 않았는데 자산을 주고받으면 '무상(無償)'이 되며 증여 또는 상속이 된다. 간혹 "이런 방법으로 하면 양도소득세가 나오지 않지 않을까요?"라며 묻는 사람이 있는데 이럴 경우 증여세 또는 상속세가 발생하니 주의한다.

양도소득세의 특징 ② 열거주의

양도소득세는 과세 대상을 법에서 정하고 있다는 것이다. 이를 '열거주의(列擧主義)'라고 한다. 즉, 양도소득세를 부과할 수 있는 대상을 법 조문을 통해 나열(열거)하고 있다는 의미인데, 이는 매우 중요한 의미를 갖는다. 다음에 나오는 과세 대상에 대해서만 양도소득세를 부과할 수 있으며 그 외에는 불가능하기 때문이다(소득세법 제94조).

- 토지·건물
- 부동산에 관한 권리
  - 지상권·전세권·등기된 부동산 임차권
  - 부동산을 취득할 수 있는 권리(아파트 당첨권, 재개발·재건축 입주권 등)
- 대주주 등이 양도하는 상장 주식 또는 코스닥 상장 주식

〔대주주 지분율 및 시가 총액(세법 개정)〕

적용시기	코스피		코스닥		코넥스	
	지분율	시가 총액	지분율	시가 총액	지분율	시가 총액
18년 4월 1일~20년 3월 31일	1	15	2	15	4	10
20년 4월 1일~21년 3월 31일	1	10	2	10	4	10
21년 4월 1일~	1	3	2	3	4	3

• 단위: % 이상, 억 원 이상

- 비상장 주식
  - 상장 또는 코스닥 법인이 아닌 법인의 주식
- 기타 자산
  - 특정(과점주주)주식: 부동산가액이 총자산가액의 50% 이 상인 법인의 주식을 50% 이상 소유한 주주 1인과 특수관 계자가 소유하고 있는 주식을 50% 이상 양도하는 경우
  - 사업용 고정 자산(토지·건물 및 부동산에 관한 권리)과 함 께 양도하는 영업권
  - 특정 시설물 이용권(골프 회원권, 헬스클럽 회원권, 콘도 이 용권, 스키장 회원권, 고급 사교장 회원권 등)
  - 부동산 과다 보유 법인의 주식 등(부동산 등의 가액이 총자 산가액의 80% 이상인 골프장, 스키장 등을 영위하는 법인의 주식)

자, 그러면 퀴즈를 하나 풀어보자. A는 경매로 자동차를 낙찰받

왔다. 낙찰가는 500만 원이고 수리비 100만 원을 들인 후(총비용 600만 원), B에게 1,000만 원에 팔았다. A는 수익 400만 원(1,000만 원 - 500만 원 - 100만 원)에 대해 양도소득세를 납부할까?

정답은 '0원'이다. 즉, 양도소득세는 없다. 중고 자동차가 소득세법 제94조 '양도소득의 범위'에 없기 때문이다. 이것이 '열거주의'의 가장 큰 특징이다. 이와 반대되는 개념으로 '포괄주의(包括主義)'가 있는데, 이는 '소득 있는 곳에 과세한다'라는 말과 일맥상통한다. 법인세 특징 중 하나가 포괄주의다. 그래서 과세 대상이 상대적으로 많다. 법인을 설립하거나 이에 대해 관심 있는 경우라면 이 부분을 꼭 기억한다. 지금까지 살펴본 양도소득세의 특징을 정리하면 다음과 같다.

첫째, 양도소득세는 소득세 종류 중 하나로, 분류과세 대상이다.

둘째, 분류과세 대상이기 때문에 다른 소득세와 합산하지 않고 별도로 계산한다.

셋째, 양도란 매도나 교환 등 그 형태를 불문하고 사실상 부의 이전, 즉 유상 거래여야 한다.

넷째, 과세 대상은 법에 나와 있는 대상에 한정하며 이를 '열거주의'라고 한다(이 책에서는 양도소득세 과세 대상 중 부동산만 다루기로 한다).

그렇다면 부동산에 투자할 때 내야 하는 양도소득세는 어떻게 계산하고 절세하는 방법은 무엇인지 알아보자.

02
양도소득세
과세표준 구하기

Q 드디어 양도소득세군요! 세금에 대해서는 잘 모르지만 양도소득세만

큼은 많이 들어봐서 왠지 친숙한데요?

A 맞습니다. 부동산을 실제 거래해보지 않은 사람도 양도소득세는 많이

들어봤을 것입니다. 그만큼 부동산을 보유하는 순간, 언젠가는 매도해

야 하기 때문에 반드시 알아야 하는 항목이죠.

Q 그런데 좀 복잡하지 않나요? 왠지 많이 어려울 것 같습니다.

A 물론 확인해야 할 사항이 많기는 해요. 하지만 양도소득세만 잘 절세

해도 웬만한 직장인 연봉 정도는 얻을 수 있습니다.

Q 앗! 정말인가요? 그럼, 어서 알아봐야죠!

A 하하, 천 리 길도 한 걸음부터! 가장 먼저 알아봐야 하는 것이 뭘까요?

Q 과세표준이죠! 과세표준과 세율만 알면 낼 세금을 알 수 있으니까요!

A 네, 좋습니다. 그러면 양도소득세 과세표준부터 알아볼까요?

모든 세금은 과세표준과 세율을 알면 구할 수 있다. 내야 할 세금(법 조문에서는 '세액'이라고 한다)이 어느 정도 되는지를 알기 위해 과세표준과 세율을 알아야 하며, 그 계산과정을 알면 절세 포인트가 나온다. 우선 과세표준부터 살펴보자. 앞에서 봤던 취득세, 보유세보다 훨씬 복잡하니 집중해서 본다.

다음은 양도소득세의 과세표준을 구하는 과정을 표로 나타낸 것이다.

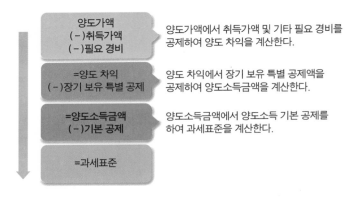

위에서부터 순차적으로 계산하면 양도소득세 과세표준을 구할 수 있다. 표에 나오는 용어의 의미는 다음과 같다.

- 양도가액: 해당 부동산을 내가 다른 사람에게 판 금액.
- 취득가액: 해당 부동산을 내가 구입했을 때 금액.
- 필요 경비: 해당 부동산을 매매하는 데 있어 발생한 비용. 취득세, 중개수수료 등이 해당된다.

- 양도 차익: 양도가액에서 취득가액과 필요 경비를 뺀 금액.
- 장기 보유 특별 공제: 해당 부동산을 보유함에 따라 국가에서 특별히 공제해주는 금액. 최소 3년 이상 보유해야 하며 다주택자인 경우는 3년 보유 시 양도 차익의 6%를 공제해준다. 하지만 1가구 1주택자라도 실거래가 9억 원 초과인 '고가 주택'의 경우에는 24%를 공제해준다. 고가 주택의 경우 9억 원 초과분에 대해 양도소득세를 납부한다.

보유 기간	다주택자	1가구 1주택(9억 원 초과분)
3년 이상~4년 미만	6%	24%
4년 이상~5년 미만	8%	32%
5년 이상~6년 미만	10%	40%
6년 이상~7년 미만	12%	48%
7년 이상~8년 미만	14%	56%
8년 이상~9년 미만	16%	64%
9년 이상~10년 미만	18%	72%
10년 이상~11년 미만	20%	80% (단, 전체 보유 기간 중 '2년 이상' 거주해야 가능)
11년 이상~12년 미만	22%	
12년 이상~13년 미만	24%	
13년 이상~14년 미만	26%	
14년 이상~15년 미만	28%	
15년 이상	30%	

단, 정부의 '12·16 대책'으로 '1가구 1주택(9억 원 초과분)' 관련 공제율은 2021년 이후 양도분부터는 다시 한 번 변할 것으로 보인다. 이때는 공제율을 최대 80%로 하되 최소 2

년 이상 거주가 아닌, 보유 기간과 거주 기간으로 구분하여

적용할 예정이다. 다음 보도자료 원문을 참고하도록 한다.

□ (개선) 1세대 1주택자(실거래가 9억 초과)에 대한 장기 보유 특별 공제율 최대 **80%**(10년)
를 유지하되, 거주기간을 요건으로 추가

○연 8%의 공제율을 보유기간 연 **4%**+ 거주기간 연 **4%**로 구분

보유기간		3년~4년	4년~5년	5년~6년	6년~7년	7년~8년	8년~9년	9년~10년	10년 이상
1주택	합계	24%	32%	40%	48%	56%	64%	72%	80%
	보유	12%	16%	20%	24%	28%	32%	36%	40%
	거주	12%	16%	20%	24%	28%	32%	36%	40%
다주택		6%	8%	10%	12%	14%	16%	18%	20~30%*

* 다주택자는 기존과 동일하게 15년 이상 보유 시 최대 30% 공제 가능

☞ **'21년 1월 1일 양도분부터 적용**

- 양도소득금액: 양도 차익에서 장기 보유 특별 공제액을 차
  감하면 나오는 금액이다. 만약 3년 미만 보유한 부동산인데
  장기 보유 특별 공제가 적용이 안 된다면 당연히 양도 차익
  과 양도소득금액은 같아진다.

- 기본 공제: 양도소득금액에서 인별, 자산별로 연간 250만
  원씩을 공제해주는데 이를 '기본 공제'라고 한다. 중요한 건
  이 금액이 인별, 자산별이라는 것이다. 양도소득세의 과세
  대상 자산별로 각각 공제하므로 부동산과 주식을 같은 해
  에 양도했다면 각각 250만 원 씩 공제가 가능하다. 단, 1년
  에 인별, 자산별로 1회에 한한다.

- 과세표준: 양도소득금액에서 기본 공제를 차감하면 과세표
  준이 된다.

[장기 보유 특별 공제율]

보유 기간	공제율	
	기존(18년까지)	현행
3년 이상~4년 미만	10%	6%
4년 이상~5년 미만	12%	8%
5년 이상~6년 미만	15%	10%
6년 이상~7년 미만	18%	12%
7년 이상~8년 미만	21%	14%
8년 이상~9년 미만	24%	16%
9년 이상~10년 미만	27%	18%
10년 이상~11년 미만	30%	20%
11년 이상~12년 미만		22%
12년 이상~13년 미만		24%
13년 이상~14년 미만		26%
14년 이상~15년 미만		28%
15년 이상		30%

2장에서 살펴본 취득세, 보유세(재산세, 종합부동산세)보다 훨씬 복잡하다고 느껴진다. 무엇보다 용어를 빨리 이해해야 절세에 유리하다. 다음과 같이 이해해도 좋다.

[양도소득세 과세표준 도출과정]

수익
(양도로
번 금액)

−

비용
(부동산 취득에
따른 비용 및
공제금액)

=

양도소득세
과세표준

• 양도가액

• 취득가액
• 필요 경비
• 장기 보유 특별 공제
• 기본 공제

결과적으로 과세 대상이 되는 양도소득세의 과세표준은 큰 틀에서 보면 수익에서 비용을 뺀 금액이라 할 수 있다. 수익은 해당 부동산을 양도하면서 얻은 금액인 양도가액이다. 비용은 해당 부동산을 취득할 때 들어간 취득가액과 필요 경비, 그리고 부동산 보유 시 국가에서 정한 공제금액인 장기 보유 특별 공제와 기본 공제를 더하면 된다. 이렇게 나온 수익에서 비용을 뺀 금액이 양도소득세의 과세표준이라고 이해하자. 훨씬 직관적으로 쉽게 이해가 될 것이다. 다음 사례를 통해 실제 양도소득세 과세표준을 구해보자.

사례 1

A는 3억 원(취득가)에 구입한 아파트를 2년이 지난 지금 3억 3,000만 원에 매도했다(당시 들어간 필요 경비는 1,000만 원). 양도소득세의 과세표준은 어떻게 될까?

① 수익은 양도가액이다. 즉, '수익=양도가액=3억 3,000만 원'이다.

② 비용은 '취득가액+필요 경비+장기 보유 특별 공제+기본 공제'이다. 그런데 2년 보유이기 때문에 장기 보유 특별 공제는 없다. 따라서 비용은 3억 1,250만 원이 된다[3억 원(취득가액)+1,000만 원(필요 경비)+0원(장기 보유 특별 공제)+250만 원(기본 공제)].

③ 수익에서 비용을 빼니 1,750만 원(3억 3,000만 원 - 3억

1,250만 원)이 양도소득세 과세표준이 된다(세율을 곱하기 전이므로 내야 할 최종 세금은 아니다).

사례 2

B는 3억 원에 취득한 아파트를 3년 5개월이 지난 지금 3억 3,000만 원에 매도했다(당시 들어간 필요 경비는 1,000만 원). 양도소득세의 과세표준은 어떻게 될까?

① 수익은 양도가액 3억 3,000만 원이다.

② 비용은 '취득가액+필요 경비+장기 보유 특별 공제+기본 공제'이다. 그런데 3년 이상 보유했기 때문에 장기 보유 특별 공제를 우선 구해야 한다. 보유 기간이 3년 이상~4년 미만이면 6%라고 했다. 양도 차익의 6%라는 말이다. 이 사례에서 양도 차익은 2,000만 원[3억 3,000만 원(양도가액)-3억 원(취득가액)-1,000만 원(필요 경비)]이다. 여기에 6%를 곱하면 120만 원이 장기 보유 특별 공제액이라고 할 수 있다. 따라서 비용은 3억 1,370만 원이 된다(3억 원+1,000만 원+120만 원+250만 원).

③ 수익에서 비용을 빼니 1,630만 원(3억 3,000만 원-3억 1,370만 원)이 양도소득세 과세표준이 된다(세율을 곱하기 전이므로 내야 할 최종 세금은 아니다).

구분	A(2년 보유)	B(3년 5개월 보유)
양도가액	33,000	33,000
(-)취득가액	30,000	30,000
(-)필요 경비	1,000	1,000
=양도 차익	2,000	2,000
(-)장기 보유 특별 공제	0(3년 미만)	120(=양도 차익×6%)
=양도소득금액	2,000	1,880
(-)기본 공제	250	250
=과세표준	1,750	1,630

• 단위: 만 원   장기 보유 특별 공제 차이로 과세표준이 달라졌다!

〈사례 1〉과 〈사례 2〉를 비교해 보면, 취득가와 양도가, 필요 경비가 같은 아파트인데도 조금 더 오래 보유한 B의 아파트 과세표준이 A보다 120만 원 적게 나왔다. 물론 이 120만 원에는 세율이 아직 적용되지 않았으므로 최종 세금(세액)은 아니다. 이제, 세율에 대한 내용을 파악해보자.

양도소득세의 세율

Q 늘 어렵게만 느껴졌던 양도소득세 과세표준이 말씀하신 방법대로 해보니 생각보다 쉬운데요?

A 다행이네요. 과세표준를 구했다면 이제 세율만 곱하면 됩니다.

Q 세율은 종류가 다양한데 어떻게 그걸 다 외우죠? 과세표준에 그냥 곱하기만 하면 되나요?

A 세율을 외우면 좋지만 모두 다 외울 필요는 없어요. 중요한 부분 몇 개만 외우고 나머지는 그때마다 찾아봐도 충분합니다. 대신 어떻게 계산하는지는 잘 알아야 합니다. 한번 볼까요?

양도소득세를 구할 때 필요한 세율을 알기 위해서는 우선 해당 자산의 보유 기간을 알아야 한다. 보유 기간에 따라 적용되는 세율이 다르기 때문이다.

모든 법은 해당 법을 만드는 이유, 즉 제정 취지가 있는데 이를 보면 어떤 목적으로 법이 만들어졌는지 짐작할 수 있다. 보유 기간에 대해 알기 전에 우선 '미등기 자산'에 대해 살짝 짚고 가자. 미등기 자산의 경우 세율이 무려 70%나 된다. 이렇게 단일 비율로 정해진 세율을 '비례세율(比例稅律)'이라고 한다. 그중에서 특히 세율이 높은 경우를 '중과세율(重課稅律)'이라고도 부른다. 부동산 관련해서 등기를 하지 않으면 매우 강력한 제재를 가하겠다는 취지다. 그러므로 미등기에 대한 생각은 처음부터 버린다.

보유 기간이 1년 미만인 경우도 50%나 된다. 그리고 1년 이상 2년 미만이면 40%다. 단, 주택과 조합원 입주권은 1년 미만이면 40%이지만 1년 이상만 되면 기본 세율을 적용받으니 혼동하지

[양도소득세의 과세표준 및 세율]

구분	과세표준	세율	누진공제액
1년 미만 보유	50%(주택, 조합원 입주권 40%)		
1년 이상~2년 미만 보유	40%(주택, 조합원 입주권은 기본 세율)		
2년 이상 보유	1,200만 원 이하	6%	0 원
	1,200만 원 초과~4,600만 원 이하	15%	108만 원
	4,600만 원 초과~8,800만 원 이하	24%	522만 원
	8,800만 원 초과~1억 5,000만 원 이하	35%	1,490만 원
	1억 5,000만 원 초과~3억 원 이하	38%	1,940만 원
	3억 원 초과~5억 원 이하	40%	2,540만 원
	5억 원 초과	42%	3,540만 원

• 주: 2018년 시행 개정 세법으로 인해 3억 원 초과~5억 원 이하는 40%, 5억 원 초과는 기존 40%에서 42%로 세율이 조정되었다.

않는다. 하지만 정부가 2019년 12월 16일에 발표한 〈주택 시장 안정화 방안〉에 따르면, 주택과 조합원입주권 역시 2021년도 이후 양도분부터는 다른 부동산 자산과 동일한 세율이 적용된다. 즉, 1년 이상 보유만 하더라도 기본 세율을 적용받을 수 있었던 주택과 조합원입주권 역시 다른 부동산 자산과 동일하게 다음과 같이 적용받는 것이다.

- 1년 미만: 50%
- 1년 이상~2년 미만: 40%
- 2년 이상: 기본 세율(6~42%)

특히 상담을 해보면 분양권을 혼동하는 경우가 많은데 분양권은 1년 미만 50%, 1년 이상 2년 미만은 40%이며 2년 이상이 되어야 기본 세율을 적용받는다.

양도소득세도 '과세표준×세율 - 누진공제액(적용될 경우)'으로 계산한다. 그런데 양도소득세에는 항상 지방소득세가 추가된다(양도소득세의 10%). 예를 들어, 양도소득세가 100만 원이면 지방세가 추가되므로 실제 납부하는 금액은 110만 원이다(이 책에서는 편의상 지방세 부분은 배제하고 설명하겠다).

기억을 되살리기 위해 하나만 예로 들어보자. 과세표준이 3,000만 원이라면 계산식은 다음과 같다.

$$3{,}000만 원(과세표준) \times 15\%(세율) - 108만 원(누진공제액)$$

$$=342만 원$$

　단순히 '3,000만 원×15%=450만 원'으로 계산하는 것이 아님에 유의하자. 이런 계산방식에 적용되는 세율을 보통 '기본 세율'이라고 하지만 '누진세율'이라고도 한다. 즉, 과세표준금액이 증가함에 따라 이에 적용되는 세율도 함께 올라가는 것이다. 이렇게 하여 고소득자에게서 걷은 세금을 다른 저소득자 등으로 분산해 소득 재분배 기능을 수행하려는 것이다.

　참고로 실제 사용하지 않고 단순히 재산 증식 수단의 투기적 성격으로 보유하고 있는 나대지, 임야와 같은 토지를 '비사업용 토지'라고 한다. 이에 대해 과세당국은 투기적 성격이 강하다고 판단해 기존 세율에 10% 세율을 가산한다.

　비사업용 토지의 경우 2015년 12월 31일까지는 장기 보유 특

[비사업용 토지 양도세율]

과세표준	세율	누진공제액
1,200만 원 이하	16%	0 원
1,200만 원 초과~4,600만 원 이하	25%	108만 원
4,600만 원 초과~8,800만 원 이하	34%	522만 원
8,800만 원 초과~1억 5,000만 원 이하	45%	1,490만 원
1억 5,000만 원 초과~3억 원 이하	48%	1,940만 원
3억 원 초과~5억 원 이하	50%	2,540만 원
5억 원 초과	52%	3,540만 원

별 공제를 적용해주지 않다가 2016년 1월 1일부터 장기 보유 특별 공제를 인정해주기 시작했다. 2016년 1월 1일부터 적용했던 장기 보유 특별 공제는 기존에 이미 보유했다고 해도 2016년 1월 1일 이후 보유분만 공제 대상이었다가 다시 2017년 세법 개정으로 '취득일'부터 보유 기간을 계산하는 것으로 합리적으로 개선되었다.

부동산 대책과
양도소득세 중과

    이번에는 연이어 쏟아지는 정부의 부동산 대책과 이로 인해 한층 강화된 '양도소득세 중과'에 대해 살펴본다. 양도세 중과로 세 부담이 급격히 늘어날 수 있기 때문에 반드시 사전에 이를 확인한 다음, 의사 결정을 해야 한다. 특히 지역마다 양도세 부담이 달라질 수 있기에 양도세 계산 시 고려해야 하는 변수가 하나 더 추가된 셈이다.

    '양도세 중과'로 인해 정부는 서울을 포함한 수도권 등 일부 지역에서 나타난 부동산 과열 현상을 억제하고 실수요자에게 주택 거주 기회 및 혜택을 줄 수 있을 것으로 기대했다. 하지만 안타깝게도 시장은 정부의 바람대로 되지 않고 있으며 오히려 다른 지역의 주택 가격이 상승하는 '풍선 효과'가 나타나는 것은 물론, 계속되는 정책으로 시장은 물론 세법 체계 자체도 매우 복잡해진 상황이다. 이에 관련해 알아야 하는 내용을 차근차근 살펴보자.

규제지역 구분이 우선

먼저 본인이 소유한 부동산, 특히 주택의 소재지가 어디인지를 파악하는 것이 가장 중요하다. 2020년 4월 현재, 정부가 규정한 규제지역은 다음과 같다.

구분	투기지역	투기과열지구	조정대상지역
서울	강남, 서초, 송파, 강동, 용산, 성동, 노원, 마포, 양천, 영등포, 강서, 종로, 중구, 동대문, 동작	전 지역	전 지역
경기	–	과천, 성남 분당, 광명, 하남	과천, 성남, 하남, 고양(7개 지구), 남양주(별내동·다산동), 동탄 2, 광명, 구리, 안양 동안, 광교지구, 수원 팔달, 용인 수지·기흥, 수원 영통·권선·장안, 안양 만안, 의왕
대구	--	수성	–
기타	세종	세종	세종

• 고양 7개 지구: 삼송택지개발지구, 원흥·지축·항동 공공주택지구, 덕은·킨텍스 1단계 도시개발지구, 고양관광문화단지(한류월드)

규제지역은 크게 투기지역, 투기과열지구, 조정대상지역으로 구분할 수 있다. 각각의 지역마다 규제 내용이 서로 다른데 우리는 위 표에서 가장 우측에 있는 '조정대상지역'을 유의해서 살펴볼 필요가 있다. 바로 조정대상지역에 위치한 주택을 양도할 때 '양도세 중과'가 적용되기 때문이다. 또 다른 이유로는 이러한 조정대상지역은 시장 상황에 따라, 정책 목적에 따라 시시각각 변할 수 있기에 그렇다. 결론적으로 각종 규제책은 해당 지역마다 모두 다르게 적용된다. 하지만 이 중에서 부동산 세법과 관련된, 즉 양도세 중과와 관련된 지역은 조정대상지역이라는 점을 반드시 기억하자.

조정대상지역에 내 주택이 있다면?

조정대상지역에 있는 주택의 경우, 만약 규제지역(조정대상지역)으로 지정되고 나서 해당 지역에 있는 주택을 양도할 때는 양도소득세가 중과된다. 이 경우 언제 취득했는지는 중요하지 않으며 '양도일'을 기준으로 따지기에 주의를 요한다. 양도소득세가 중과되면 장기 보유 특별 공제가 배제되는데, 물론 모두 그런 것이 아니라 1가구 2주택 이상 등 다주택인 경우에 해당된다.

〔다주택자에게 적용되는 양도세율〕

구분	2주택자	3주택자 이상
현행	양도 차익에 따라 기본 세율(6~42%) 적용	
개정	기본 세율+10%p	기본 세율+20%p

• 출처: 국세청

만일 3주택자(이상)가 조정대상지역의 주택을 양도할 경우 기본 세율에 무려 20%의 가산 세율이 적용된다. 장기 보유 특별 공제까지 배제되므로 세 부담은 훨씬 늘어날 전망이다.

조정대상지역의 아파트를 양도한 경우를 예로 들어보자. 양도 차익은 1억 원, 보유 기간은 10년이며(장기 보유 특별 공제율 20%)

편의상 기본 공제는 없다고 가정한다(1가구 2주택 이상인 경우임).

① 일반 과세인 경우(조정대상지역 지정 이전)

- 과세표준=1억 원(양도 차익)-{1억 원×20%(장기 보유 특별 공제)}=8,000만 원

- 양도소득세=8,000만 원×24%(세율) - 522만 원(누진공제액)=1,398만 원

② 2주택, 양도세 중과인 경우(조정대상지역 지정 이후)

- 장기 보유 특별 공제 배제, 기본 세율에 10%p 가산

- 과세표준=1억 원(양도 차익)

- 양도소득세=1억 원×45%[35%+10%p(가산 세율)] - 1,490만 원(누진공제액)=3,010만 원

③ 3주택, 양도세 중과인 경우(조정대상지역 지정 이후)

- 장기 보유 특별 공제 배제, 기본 세율에 20%p 가산

- 과세표준=1억 원(양도 차익)

- 양도소득세=1억 원×55%[35%+20%p(가산 세율)] - 1,490만 원(누진공제액)=4,010만 원

똑같은 주택인데도 양도세 중과가 적용되면 장기 보유 특별 공

제 배제가 되고 가산세율이 붙기 때문에 세 부담이 급격히 늘어난 것을 알 수 있다. 따라서 향후 주택을 양도할 때에는 반드시 소재지를 보고 해당 주택이 규제지역(특히 조정대상지역)에 속하는지 여부를 다시 한 번 확인해야 한다.

분양권 전매에서도 주의해야 할 사항이 생겼다. 분양권의 경우 보유 기간이 1년 미만이면 50%, 1년에서 2년은 40%, 2년 이상이면 기본 세율(6~42%)임을 이미 살펴봤다. 하지만 현재는 조정대상지역 내 분양권 전매에는 50% 세율이 일괄 적용된다.

'12 · 16 대책(주택 시장 안정화 방안)'에 따른 양도세 변화

정부는 조정대상지역 내 다주택자가 2020년 상반기까지 주택을 팔 경우 양도세 부담을 완화해 주기로 했다. 올해 6월 말까지 다주택자가 조정대상지역 내 10년 이상 보유한 주택을 파는 경우 양도세 중과를 배제하고 장기 보유 특별 공제를 적용해준다. 보유세는 올리고 양도세는 일시적으로 낮춰줄 테니 다주택자는 2020년 상반기까지 서둘러 집을 팔라는 강력한 메시지다.

양도세 중과로 세 부담이 얼마나 늘었는지에 대해 알았다면 이제는 가장 최근에 발표한 '주택 시장 안정화 방안(이하 '12 · 16 대책')'으로 인한 양도세 변화 포인트를 살펴보자. 12 · 16 대책은 매우 강력하고 다양한 규제 내용을 담고 있는데 이를 체계적으로 살펴보기 위해 다음과 같이 구분해서 알아보면 좋다.

1주택자

1주택자라면 '일시적 2주택 비과세'를 유의해야 한다. 일시적 2주택 비과세란, 기존 집(편의상 1번 집이라고 한다)에서 나중 집(2번 집이라고 한다)으로 이사할 때, 일정 요건을 갖춘 상태에서 1번 집을 매도하는 경우 비과세받는 것을 말한다. 뒤에서 다시 얘기하겠지만 이때 조정대상지역에서 조정대상지역으로 이동하는 경우라면 1번 집을 3년이 아닌 1년 이내에 바로 매도해야 하며, 2번 집에 1년 이내에 전입해야 한다. 또 하나, 1번 집 취득 후 1년이 지난 상태에서 2번 집을 취득해야 한다. 정리하면 다음과 같다.

['조정대상지역→조정대상지역'으로 이사하는 경우]
- 기존 집(1번 집)을 취득한 후 1년이 지난 상태에서 나중 집(2번 집)을 취득
- 나중 집(2번 집) 취득 후 1년 이내에 전입
- 나중 집(2번 집) 취득 후 1년 이내에 기존 집(1번 집) 매도

이때 나중 집(2번 집)을 취득하고 나서 이 집에 1년 이내에 전입해야 하는데 만약 2번 집에 살고 있는 임차인의 임대 기간이 1년 이상 남아있다면 어떻게 해야 할까? 이때는 1년 이후에 전입해

도 무방하나 최대 2년이 한도이므로 유의한다. 기존 집 매도 시기 역시 예외사항이 있다면(이사 갈 2번 집 임차인의 임대 기간이 1년 이상 남은 경우) 동일하게 최대 2년을 한도로 한다. 다시 말하지만 조정대상지역에서 조정대상지역으로 이동할 때 이러한 제한 규정이 들어간다. 그 외의 경우 그러니까, '조정→비조정', '비조정→조정', '비조정→비조정'인 경우에는 후술하는 기존과 동일한 규정이 적용되므로 이 둘을 구분해야 할 것이다.

1주택자가 알아야 하는 또 하나 제한 규정이 있다. 바로 '고가 주택 비과세 중 9억 원 초과분에 대한 80% 장기 보유 특별 공제' 적용에 대한 내용이다. 이를 이해하기 위해서는 우선 '고가 주택 비과세'에 대한 이해부터 해야 한다.

A는 5억 원짜리 주택을 1채 갖고 있고, B는 10억 원짜리 주택을 1채 갖고 있다고 가정해보자. 둘 모두 해당 주택을 2년 보유 또는 2년 거주(조정대상지역 지정 이후 취득하는 경우)를 할 경우 '1주택 비과세'가 가능하다. 하지만 과세당국의 논리는 다소 다르다. 먼저 A에 대해서는 특별히 이슈가 없다. 하지만 B에 대해서는 곧바로 비과세가 아닌 9억 원 초과분에 대해 일부 세금을 내라는 것이다. 과세당국의 논리는 실거래가 9억 원이 넘는 주택은 고가 주택이므로 전체를 비과세하는 것은 너무 과한 혜택이니 9억 원까지는 비과세, 그리고 9억 원 초과분에 대해서는 일부 세금을 내라는 의미다.

하지만 엄밀히 말하면 이 역시 납세자 간 형평성 문제가 있을 수 있어서 하나의 장치를 걸어뒀다. 바로 9억 원 초과분에 대해 장기 보유 특별 공제를 최대 80%(10년 이상 보유한 경우)까지 해준다는 것이다. 이상의 내용을 그림으로 살펴보면 다음과 같다.

자, 여기까지가 고가 주택 비과세인 경우 9억 원 초과분의 장기 보유 특별 공제 적용에 대한 내용이다. 그리고 정확하게는 2019년 12월 말까지의 상황이다. 2019년도가 지난 지금은 이게 바뀌었다. 즉, 실거래가 9억 원이 넘는 고가 주택이라 하더라도 전체 보유 기간 중 '2년 거주'를 반드시 해야 9억 원 초과분에 대한 장기 보유 특별 공제를 최대 80%까지 받을 수 있는 것이다(지역 불문). 이 역시 취득일 기준이 아닌 '양도일' 기준이기에 언제 취득했는지는 상관하지 않으며 2020년 1월 1일 이후 양도하는 고가 주택 비과세에 해당한다면 동일하게 적용되니 유의한다.

또 하나, 이때 '2년 거주'는 지역을 불문하고 적용된다는 점을 알고 있어야 한다. 즉, 조정대상지역 또는 비조정대상지역이라고 해도 고가 주택 비과세이면서 9억 원 초과분에 대해 80% 장기 보유 특별 공제를 받으려면 2020년 1월 1일 이후 양도하는 주택에 대해서는 반드시 2년 거주를 해야 하니 꼭 명심하자. 이상의 내용을 그림으로 나타내면 다음과 같다.

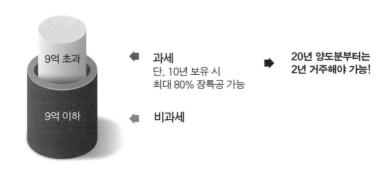

여기까지만 해도 충분히 복잡하고 어려울 것이다. 하지만 여기에 한 가지를 더 추가해야 한다. 바로 '12·16 대책'으로 인해 2021년도가 되면 장기 보유 특별 공제율이 변하는데 다음 내용과 같이 변한다.

□ (개선) 1세대 1주택자(실거래가 9억 초과)에 대한 장기 보유 특별 공제율 최대 **80%**(10년)를 유지하되, 거주기간을 요건으로 추가

○연 8%의 공제율을 보유기간 연 **4%**+ 거주기간 연 **4%**로 구분

보유기간		3년~4년	4년~5년	5년~6년	6년~7년	7년~8년	8년~9년	9년~10년	10년 이상
1주택	합계	24%	32%	40%	48%	56%	64%	72%	80%
	보유	12%	16%	20%	24%	28%	32%	36%	40%
	거주	12%	16%	20%	24%	28%	32%	36%	40%
다주택		6%	8%	10%	12%	14%	16%	18%	20~30%

* 다주택자는 기존과 동일하게 15년 이상 보유 시 최대 30% 공제 가능

☞**(적용시기) 법 개정 후 '21년 1월 1일 양도분부터 적용**

이 자료는 지난 '12·16 대책' 보도자료 중 일부를 발췌한 것이

다. 우리가 지금까지 살펴봤던 고가 주택 비과세 중 9억 원 초과분에 대한 80% 장기 보유 특별 공제를 전체 보유 기간 중에서 2년 거주로 한정하는 것이 아닌, 연 8%의 공제율을 '보유 기간 연 4%+거주 기간 연 4%'로 구분하는 표이다. 예를 들어보자.

보유 기간 10년, 이 중 3년 거주, 고가 주택 비과세 해당

만약 이 경우 2020년도에 해당 주택을 매도하면 9억 원까지는 비과세, 그리고 9억 원 초과분에 대해서는 80%의 장기 보유 특별 공제가 적용된다. 우리가 앞서 살펴보았던 그대로다. 그런데 2021년도에 팔면 어떻게 될까? 고가 주택 비과세에 해당되기 때문에 동일하게 9억 원까지는 비과세다. 그런데 9억 원 초과분에 대해서는 '보유 기간 10년→40%', '거주 기간 3년→12%', 총 52%(=보유 40%+거주 12%)의 장기 보유 특별 공제가 적용되는 데 그친다.

비록 9억 원 초과분에 대해 적용되는 장기 보유 특별 공제지만 80%와 52% 간의 차이는 금액에 따라 꽤 큰 세금 차이가 발생할 수 있다. 따라서 80% 장기 보유 특별 공제를 원한다면 2020년에 주택을 팔든지, 아니면 그 이후라도 거주 기간을 채워 팔아야 한다. 앞의 사례 경우 거주 기간이 3년이므로 지금부터 해당 집에 들어가 7년의 거주 기간을 더 채워야 한다. 고가 주택을 보유한 사람의 고민은 더욱 늘어날 것으로 보인다.

다주택자

2주택 이상 다주택자라면 이번에 정부가 한시적으로 허용한 '조정대상지역 내 다주택자 양도소득세 중과 한시적 배제'제도를 눈여겨볼 만하다.

앞서 살펴본 것처럼 조정대상지역에 있는 주택을 양도할 때는 아무리 보유 기간이 길어도 장기 보유 특별 공제를 배제하고 기본 세율에 10%p 또는 20%p가 가산되어 세 부담이 상당해진다. 그런데 이 조치로 다주택자가 10년 이상 보유한 주택을 양도하는 경우에는 한시적으로 양도세 중과를 배제하기로 한 것이다. 당연히 보유 기간에 따른 장기 보유 특별 공제(최대 30%)는 물론 기본 세율(6~42%)이 적용되므로 이번 기회에 양도세 중과를 피하고 주택 수도 줄여 보유세 부담을 덜어낼 수 있다.

단, 해당 시기는 2020년 6월 말까지 한정되어 있으며 당장 2020년도 보유세를 줄이고자 한다면 보유세 과세 기준일인 6월 1일 이전에 양도해야 유리하다. 그러므로 실질적으로는 6월 말까지가 아닌 5월 말까지로 생각하고 접근하는 것이 좋다. 이미 종부세는 2022년까지 계속 오르며(공정시장가액비율 상승 지속), 정부 역시 '공시 가격 현실화' 등 연일 종부세 강화를 고려하고 있는 상황이므로 '보유세는 계속 강화하고 양도세는 일시적으로 낮춰줄 테니 이번 기회를 잘 활용하라'는 메시지로 해석해야 할 것이다.

과세표준과 세율을 활용, 양도세 중과 계산하는 법

실제 세 부담이 얼마나 차이가 나는지를 확인하기 위해 양도세를 한번 구해보자. 모든 세금은 과세표준과 세율, 이 2가지를 알면 구할 수 있다고 설명한 적이 있다. 만약 홍길동이 과세표준 1억 원인 주택을 양도할 경우 양도세는 얼마가 나올까? 비조정대상지역이며 세율은 기본 세율이 적용된다고 가정한다. 이 경우 2,010만 원이 나온다[1억 원(과세표준)× 35%(기본 세율)-1,490만 원(누진공제액)].

그런데 조정대상지역에 있는 주택을 양도하여 양도세 중과가 적용되면 어떻게 될까? 중과가 적용될 때에도 위처럼 계산하면 문제가 된다. 조정대상지역에 있는 주택을 매도했기 때문이다. 이 경우 중과 대상 주택 수가 2주택이면 기본 세율에 10%p를 가산, 3주택이면 20%p를 가산해야 한다. 그렇다면 이를 계산하면 어떻게 될까? 앞서 살펴본 세율 적용방식 원리를 생각하면 쉽다.

- 1,200만 원 이하: 16%(6%+10%p) | 192만 원(1,200만 원×16%)

- 1,200만 원 초과~4,600만 원 이하: 25%(15%+10%p) | 850만 원(3,400만 원×25%)

- 4,600만 원 초과~8,800만 원 이하: 34%(24%+10%p) | 1,428만 원(4,200만 원×34%)

• 8,800만 원 초과~1억 5,000만 원 이하: 45%(35%+10%p)

| 540만 원(1,200만 원×45%)

모두 더하면 3,010만 원이 나오다. 가산 세율이 적용되기 전의 금액인 2,010만 원보다 무려 1,000만 원이나 많다! 가산 세율을 우습게 보면 안 되는 이유다.

앞에서 계산한 방식은 원리를 설명하기 위함이며 실무에서는 다음과 같다.

과세표준×세율(기본 세율+가산 세율) - 누진공제액

=1억 원×45%(35%+10%p) - 1,490만 원=3,010만 원

양도소득세를 줄이는 노하우

Q 정말 과세표준과 세율만 알면 내야 할 양도소득세가 얼마인지 알 수 있네요. 신기합니다.

A 그렇죠? 다른 세법도 마찬가지입니다. 이 점, 꼭 기억하세요.

Q 네! 이제 세금 계산을 어떻게 하는지 알았으니 다른 것도 해볼까요?

A 물론 그것도 좋지만 이를 통해서 절세방법을 알아보는 건 어떨까요?

Q 계산과정을 통해서 절세방법을 찾는다고요? 그게 가능한가요?

A 당연하죠. 원리를 알면 응용하는 건 생각보다 쉽습니다.

내야 할 세금이 얼마나 될지 계산하는 것은 중요하다. 하지만 이보다 더 중요한 것은 '어떻게 줄일 수 있느냐?'이다. 그러한 방법을 '절세 팁' 또는 '세(稅)테크'라고 말하는데, 남들이 하는 것을 무조건 외워서는 정작 내 사례에서 응용하기가 쉽지 않다.

과세표준에서 가장 중요한 것은 필요 경비

앞에서 살펴봤던 양도소득세의 과세표준 계산식을 다시 보자.

양도소득세 과세표준

양도가액 - 취득가액 - 필요 경비 - 장기 보유 특별 공제 - 기본 공제

이 계산식에서 양도가액, 취득가액, 장기 보유 특별 공제, 기본 공제에는 모두 밑줄이 그어져 있다. 그 이유는 무엇일까?

정답은 개인이 임의로 할 수 있는 항목이 아니라는 것이다. 양도가액과 취득가액은 2007년부터 모두 실거래가 적용을 받는다. 2006년 12월 31일까지 양도한 경우 기준 시가 과세가 원칙이었으므로 관행적으로 다운계약서나 업계약서를 많이 작성했다. 지금은 과세당국의 정보력이 훨씬 강화되어 불법적인 다운계약서나 업계약서는 쉽게 적발할 수 있다. 만일 적발되면 세금 추징에 가산세는 물론이고 1가구 1주택 비과세 혜택 박탈 등 제재가 꽤 크니혹시 이런 계약을 제안받아도 하지 않는 것이 좋다.

장기 보유 특별 공제와 기본 공제도 법에서 정해진 내용대로 공제받는다. 장기 보유 특별 공제는 보유 기간이 최소 3년 이상이어야 하며 기본 공제는 인별 250만 원을 1년 1회에 한해 공제받는다. 그 누구도 법에서 정한 내용과 다르게 특별한 혜택을 받을 수없다.

이제 밑줄이 그어져 있지 않은 항목이 딱 하나가 남는데 바로 '필요 경비'다. 필요 경비는 차감항목이기 때문에 하나라도 더 많이 인정받아야 그만큼 과세표준이 줄어든다. 결국 양도소득세의 과세표준에 있어서 절세 포인트는 '필요 경비를 얼마나 많이 확보하느냐'이다!

- 양도가액, 취득가액: 실거래가
- 장기 보유 특별 공제: 기간에 따라 고정(3년 이상 보유 시 적용)
- 기본 공제: 고정 금액(양도 자산 그룹별 1인당 250만 원씩 적용)
→결국, 양도소득세를 줄이기 위해서는 '필요 경비'가 핵심!

주택은 최소 1년 이상 보유하자! 하지만…

상담하다 보면 아직도 주택의 경우 2년 이상을 보유해야 기본 세율이 적용되는 것으로 알고 있는 사람이 있다. 그래서 2년 이상 보유를 했다가 매도 시기를 놓쳐서 계속 해당 주택을 보유하고 있는 안타까운 경우도 있다.

94쪽의 '양도소득세의 과세표준 및 세율'을 다시 보자. 단기간에 부동산을 매도하면 고율의 세율이 적용된다는 사실을 알 수 있다. 그만큼 정부는 부동산 단기 매매와 같은 투기성 활동에는 제재를 가하겠다는 의도를 갖고 있다. 주택, 조합원 입주권은 1년 이상만 보유하면 기본 세율을 적용받는다. 분양권은 주택으로 보지 않기 때문에 1년 미만이면 50%, 1년 이상 2년 미만이면 40% 세율이 적용되며 2년 이상이 되어야 비로소 기본 세율을 적용받는 사실을 유의하자. 따라서 양도소득세 세율 적용에 있어서는 주택의 경우 최소한 1년은 보유하는 것이 절세에 도움이 된다.

하지만 앞서 살펴본 것처럼 정부의 '12·16 대책'으로 주택과 조합원입주권 역시 다른 부동산 자산과 마찬가지로 2021년도 이후 양도분은 2년 이상 보유해야 기본 세율 적용이 가능하게 됐다. 단, 그 이전에 양도하는 주택과 조합원입주권은 여전히 1년만 보유해도 기본 세율이 적용되므로 혹시 이 점을 활용해야 하는 경우라면 2020년도가 마지막 해라는 것을 기억한다. 지금까지의 내용을 요약하면 다음과 같다.

• 필요 경비 (다다익선)

• 최소 1년 이상 보유 (주택의 경우, 단 2021년 이후 양도분부터는 2년 이상 보유)

• 주: 양도소득세도 과세표준과 세율을 알면 구할 수 있다. 정리해보면 과세표준의 경우에는 필요 경비를 많이 받는 것이 핵심이며, 세율의 경우에는 기본 세율을 적용받는 것이 중요하다(주택과 조합원 입주권의 경우 1년 이상 보유하면 기본 세율 적용. 그런데 2021년 이후 양도분부터는 2년 이상 보유해야 기본 세율 적용).

필요 경비를
인정받아라

Q 필요 경비와 보유 기간이 중요하군요! 그럼 어떻게 해야 되는 거죠?

A 먼저 필요 경비부터 알아봐야 합니다. 어떤 항목이 필요 경비에 해당하는지, 이를 어떻게 보관해야 하는지가 중요합니다.

Q 보관까지 해야 하나요?

A 물론입니다. 양도소득세를 신고할 때 관련 서류를 첨부해야 인정이 됩니다.

부동산을 살 때 비용이 많이 든다. 주택을 예로 들어보자. 주택을 중개하는 과정에서 발생하는 중개수수료, 명의 이전에 필요한 취득세, 법무사 비용 등이 당장 든다. 또한 도배, 장판에다 싱크대, 화장실, 새시 등 인테리어 비용이 들 때도 있다. 그런데 이 과정에 쓰인 비용(경비)이 모두 필요 경비로 인정받을 수 있을까? 아쉽지만 그렇지 않다.

[인정(불인정)되는 필요 경비]

인정	불인정
• 취득세 등	• 도배, 장판 비용
• 각종 수수료(법무사, 공인중개사)	• 보일러 수리 비용
• 새시 설치비	• 싱크대, 주방 기구 구입비
• 발코니 개조 비용(확장비 포함)	• 페인트, 방수 공사비
• 난방시설(보일러) 교체 비용(수리 ×)	• 대출금 지급 이자
• 상, 하수도 배관 공사비	• 경매 취득 시 명도비
• 자산을 양도하는 데 있어 직접 지출한 계약서 작성 비용, 소개비, 양도세 신고서 작성 비용	• 매매 계약 해약으로 인한 위약금
• 자산 취득과정에서 발생한 소송 비용	• 기타 각종 소모성 경비들 (자본적 지출이 아닌 것)
⋯▶ 세금계산서, 인터넷 뱅킹 이체 내역 등	

세법은 필요 경비로 인정되는 항목에 대해 크게 2가지로 구분하고 있다. 하나는 부동산 자산 취득 이후 해당 자산의 가치를 증가시키는 것과 관련된 비용인데 '자본적 지출액'이라고 한다. 대표적인 예가 새시, 엘리베이터, 보일러 교체 등이다. 도배, 장판, 보일러 수리, 싱크대, 페인트칠 등의 경우에는 단지 외관을 꾸미기 위한 것으로 보기 때문에 자산의 가치를 증가시키는 항목으로 인정하지 않는다. 예를 들어 연말정산에서 성형수술의 경우 질병과 관련해 어쩔 수 없이 한다면 의료비 소득 공제항목으로 인정되지만 단순 미용 목적이라면 인정되지 않는 것과 같은 취지로 보면 된다.

또 다른 하나는 자산의 양도와 관련하여 직접 지출한 비용이다. 취득세, 중개수수료, 또는 자산 취득과정에서 발생한 소송 비용 등이 해당된다. 해당 자산을 취득할 때 직접적으로 발생한 비용이라서 필요 경비로 인정되는 것이다.

절세의 기본은 영수증 챙기기

생각보다 필요 경비로 인정되는 항목이 적어서 실망할 수도 있다. 아쉬운 소리를 한 가지 더 하려고 한다. 매우 중요한 내용이기도 하다. 필요 경비에 대한 입증은 본인이 직접 해야 한다는 것이다. 그리고 법에서 인정하지 않는 증빙 자료는 무용지물이다. 그렇다면 어떤 자료들을 확보해야 할까?

먼저 자본적 지출액의 경우 신용카드 매출전표, 현금 영수증, 세금 계산서 등 법에서 정한 증빙 자료(이런 것을 '적격증빙'이라고 한다)가 있는 경우에 인정받기 수월하다. 예를 들어 인테리어 공사를 한다면 신용카드로 결제하거나 세금 계산서를 받아두는 것이 유리하다는 말이다. 최근에는 법 개정으로 이러한 적격증빙이 없어도 실제 공사를 하고 대금 지급이 확인되면 경비로 인정받을 수 있다.

하지만 입장을 바꿔 생각해보자. 처음부터 제대로 된 자료를 준비해 세금 신고를 하면 납세자나 과세당국(담당 세무공무원), 양쪽이 편할 것이다. 따라서 되도록 자본적 지출의 경우 적격증빙을 갖춰 제출하도록 한다. 또한 중개수수료, 법무사 비용과 같은 경우

가급적 현금 영수증 등을 받도록 하되 혹시라도 깜빡하거나 부득이하게 받지 못할 경우에는 인터넷 뱅킹으로 하는 것이 좋다. 그런 다음, 계좌 이체증 등을 첨부하면 향후 양도소득세 신고 시 필요 경비로 인정된다. 다음 사례를 통해 좀 더 알아보자.

이번에 3억 원짜리 집을 사면서 들어간 비용은 다음과 같다. 향후 양도소득세 계산에 있어서 인정받을 수 있는 필요 경비는 얼마나 될까?

항목	금액	비고
취득가액	3억 원	주택 취득가
중개수수료	120만 원(0.4%)	현금 지급
취득세 및 법무사 수수료	400만 원(1.1%)	현금 영수증
도배, 장판	100만 원	간이 영수증
보일러 수리비	20만 원	현금 영수증
욕실 수리	250만 원	세금 계산서
새시 교체	800만 원	세금 계산서
싱크대 교체	200만 원	현금 영수증

- 취득가액: 향후 양도소득세 계산 시 '취득가액'으로 인정받는다.
- 중개수수료: 필요 경비로 인정받는 항목인데 현금으로 지급했다. 증빙 자료가 없으므로 향후 양도소득세 계산 시 필요 경비로 인정받을 수 없다. 하지만 출금된 내역과 간이영수증을 추후에 받아놓으면 비용 처리도 가능하다.

- 취득세 및 법무사 수수료: 필요 경비로 인정되는 항목이고 현금 영수증을 받았다. 그러므로 인정받을 수 있다.
- 도배, 장판: 필요 경비의 항목에 해당하지 않는다.
- 보일러 수리비: 보일러 교체는 인정되나 수리비는 인정받을 수 없다.
- 욕실 수리: 필요 경비의 항목에 해당하지 않는다.
- 새시 교체: 필요 경비로 인정받는 항목이다.
- 싱크대 교체: 필요 경비의 항목에 해당하지 않는다.

향후 필요 경비로 인정받는 항목 총 1,200만 원[400만 원(취득세 및 법무사 수수료)+800만 원(새시 교체)]이다. 취득가액은 양도소득세의 과세표준 계산에 있어서 차감 항목이다.

돈 되는 보유·매도 타이밍

Q 생각보다 필요 경비의 항목이 너무 적은 것 아닌가요? 도배, 장판은 그렇다 해도 싱크대, 욕실도 인정되지 않는 줄은 몰랐습니다.

A 납세자 입장에서는 많이 아쉬울 겁니다. 하지만 세법에서는 굳이 그런 항목은 본래의 기능을 크게 변경시킨다고 보지 않습니다. 그래서 인테리어를 할 때 이런 부분을 종합적으로 따져봐야 합니다.

Q 정말 그래야겠습니다.

A 이제 주택의 경우 1년만 보유하고 있어도 기본 세율을 적용받는다고 했으니 이를 중심으로 세금 측면에서 언제가 유리한 매도 타이밍인지 한번 볼까요?

주택의 경우 1년 미만은 세율이 40%라는 것을 이미 알아봤다. 3년 이상 보유하면 장기 보유 특별 공제의 혜택도 있음을 살펴봤다. 그렇다면 무조건 오래 보유하는 것만이 최선일까? 다음 사례를 보자(편의상 '1가구 1주택 외'의 경우로 하고, 계산 시 소수점 이하는 버림).

[보유 기간에 따른 세후 수익](단위: 만 원)

구분	1년 미만	1년 보유	2년 보유	3년 보유	4년 보유
양도가액	80,000	80,000	80,000	80,000	80,000
(-)취득가액	50,000	50,000	50,000	50,000	50,000
(-)필요 경비	3,000	3,000	3,000	3,000	3,000
양도 차익	27,000	27,000	27,000	27,000	27,000
(-)장기 보유 특별 공제	0	0	0	1,620(양도 차익의 6%)	2,160(양도 차익의 8%)
양도소득금액	27,000	27,000	27,000	25,380	24,840
(-)기본 공제	250	250	250	250	250
과세표준	26,750	26,750	26,750	25,130	24,590
세율	40%	38%	38%	38%	38%
(-)누진공제액	0	1,940	1,940	1,940	1,940
세액(세금)	10,700	8,225	8,225	7,609	7,404
세후 수익 (=양도 차익-세액)	16,300	18,775	18,775	19,391	19,596

3년 더 보유한 결과, 차액은 821만 원이며
양도 차익이 작을수록 이 금액 역시 줄어든다.

취득가액이 5억 원인 주택을 산 다음, 각각 1년, 2년, 3년, 4년씩 보유했을 때 세후 수익을 구해봤다(편의상 양도가액, 필요 경비 등 다른 조건은 동일하다고 가정했으며 달라진 것은 보유 기간뿐이라서 장기 보유 특별 공제만 다르게 적용되었다).

1년 미만을 보자. 가장 높은 세율 40%가 적용되어 세금은 1억 700만 원이 나왔다(지방세 등은 생략). 차익이 3억 원(8억 원 - 5억 원, 필요 경비 공제 전)은 되는 줄 알았는데 양도소득세를 내고 났더니 실제 세후 수익은 1억 6,300만 원으로 확 줄었다.

1년 동안 보유한 경우를 보자. 과세표준은 2억 6,750만 원으로 계산되고 적용되는 세율은 38%, 누진공제액은 1,940만 원이다. 세금은 8,225만 원이 나왔다(2억 6,750만 원×38% - 1,940만 원). 결과적으로 세후 수익은 1억 8,775만 원이다. 보유 기간을 1년으로만 채웠을 뿐인데 1년 미만인 경우와 2,475만 원이나 차이가 났다! 다시 한 번 강조하지만 주택은 최소 1년은 반드시 보유하자.

그렇다면 언제 팔아야 할까? 다른 조건을 모두 동일하게 두고 보면 1년 보유한 경우에는 세후 수익이 1억 8,775만 원, 4년 보유한 경우에는 1억 9,596만 원이 되어 차액은 821만 원이 된다. 3년을 더 보유한 것치고는 다소 적다고 생각되지 않는가? 물론 양도가액을 동일하게 8억 원으로 책정했기 때문에 이런 결과가 나온 것이지만 그래도 주택 투자 수익을 높이기 위해서는 향후 매도가가 상승해야 함을 알 수 있다.

만일 앞의 사례에서 다른 조건은 모두 동일한데 15년 동안 보유한 경우, 즉 장기 보유 특별 공제의 혜택을 최대한 받았다면 세후 수익은 얼마나 될까?

- 양도 차익: 2억 7,000만 원(동일)

- 장기 보유 특별 공제 30%: 2억 7,000만 원×30%

  =8,100만 원

- 과세표준: 2억 7,000만 원(양도 차익) − 8,100만 원(장기 보

  유 특별 공제) − 250만 원(기본 공제)=1억 8,650만 원

- 세금(세액): 1억 8,650만 원(과세표준)×38% − 1,940만 원

  (누진공제액)=5,147만 원

- 세후 수익: 2억 7,000만 원 − 5,147만 원=2억 1,853만 원

이 수익을 앞의 표에 나온 1년, 2년, 3년, 4년 보유 시의 경우와 비교해보자.

주택 양도일은 언제일까?

주택은 1년 이상 보유하면 기본 세율이 적용된다. 1가구 1주택 자의 경우 해당 주택을 2년 이상 보유한 후 매도하면 비과세가 된 다. 그런데 8·2 대책이 발표된 이후부터는 주의해야 하는 항목이 추가되었다. 정부가 일부 지역을 조정대상지역, 투기과열지구, 투 기지역으로 지정하는 바람에 조정대상지역에 주택이 있다면 '2년 이상 보유' 외에 '2년 이상 거주'까지 충족해야 비과세가 된다. 따 라서 1가구 1주택 비과세 혜택을 받기 위해서는 내 주택이 어디에

있는지 반드시 확인한 후에 다음과 같이 공식처럼 외운다.

- 조정대상지역 외(外): 2년 이상 보유
- 조정대상지역 내(內): 2년 이상 보유＋2년 이상 거주

정부가 규제를 위해 지정한 지역은 향후 정책 변동에 따라 수시로 바뀔 수 있으니 매수 결정을 하기 전에 반드시 재확인한다.

그렇다면 이때 기준이 되는 보유 기간 산정 시 취득일과 양도일은 어떻게 정할까? 매도자 입장에서는 양도일이, 매수자 입장에서는 취득일이 되기 때문에 어느 하나를 확실하게 알아두면 된다. 이에 대해서는 소득세법 제98조 등에서 규정하고 있는데 일부 옮겨 보면 다음과 같다.

> 자산의 양도 차익을 계산할 때 그 취득 시기 및 양도 시기는 대금을 청산한 날이 분명하지 아니한 경우 등 대통령령으로 정하는 경우를 제외하고는 해당 자산의 대금을 청산한 날로 한다.

법 조문이라서 다소 딱딱하게 보이는데 풀어서 보면 양도일의 경우 다음과 같은 원칙으로 보면 된다.

첫째, 양도일은 대금 청산일이 원칙이다. 계약서상 잔금일이 적혀 있다면 그 날이 양도일이 된다. 잔금일 전에 해당 매매 대금의

대부분이 사전에 지급되었다면 해당일이 양도일이 될 수 있다는 점을 주의한다. 다음과 같은 판례가 있다.

매도자 A는 24억 원짜리 부동산을 양도하는 과정에서 매매 대금 모두를 받은 날인 2005년 11월 25일을 양도일로 하여 양도소득세를 신고했다. 그런데 과세당국(세무서)은 해당 일의 경우 겨우 잔금 100만 원만 남겨두고 받은 날이므로, '실질적으로' 대금이 모두 청산된 2005년 10월 11일이 잔금 청산일이라고 보고 이에 따라 과세했다. 그 결과, 보유 기간이 1년 미만이 되어 높은 세율을 적용받아 양도소득세를 추가 납부하게 되었다. A는 불복하였고 대법원까지 올라갔으나 결국 패소했다. 소득세법 제88조 제1항에서 규정한 '양도'의 의미에 비춰 매매 대금이 대부분 지급되었고 미미한 금액만이 남아 있기 때문에 사회 통념상 거의 지급되었다고 볼 수 있으므로 '대금의 청산'에 해당한다고 판결한 것이다.

나온 지 오래되었지만 꽤 유명한 판례다. 계약서에 적힌 잔금 청산일이 양도일이지만 사전에 매매 대금의 대부분이 지급되었다면 이 경우 사실상 매매 대금이 모두 이전된 것이므로 양도일로 봐야 한다는 판결이다. 그래서 매매 대금의 10% 정도는 잔금으로 남겨두는 것이 안전하다.

둘째, 대금 청산일이 불분명하다면 보통 소유권 이전 등기 접수일을 양도일로 본다. 계약서에 잔금일이 명시되지 않았거나 잔금일이 나와 있어도 그 이전에 소유권 이전 등기를 한 경우가 해당한다.

지금까지 내용을 종합해보면 양도일은 잔금 청산일, 소유권 이전 등기 접수일 중 빠른 날이 된다. 만약 비과세를 받기 위한 2년 보유일수가 며칠 부족하다면 소유권 이전 등기를 보유 기간이 충족한 이후로 미루되 매매 대금의 10% 정도는 잔금으로 남겨두는 식으로 진행하는 것이 좋다. 며칠 차이로 양도일이 생각한 것과 다르게 진행되면 높은 세율이 적용되거나(1년 미만 40% 등), 2년 이상 보유 기간을 충족하지 못해 1가구 1주택 비과세 혜택을 못 받을 수 있기 때문이다.

매매 대금이 크거나 비과세 경우라면 과세당국에서는 더 꼼꼼하게 살펴볼 가능성이 높다. 매매 금액이 크거나 비과세 기준이 되는 보유 기간이 딱 맞는 경우, 또는 다소 애매하다면 반드시 전문가에게 의뢰한다.

공동명의로
양도세를 줄이자

Q 양도소득세의 과세표준 관련해서는 되도록 필요 경비를 많이 확보하고, 세율과 관련해서는 주택의 경우 1년 이상 보유해야 하네요. 물론 2021년 이후부터는 2년 이상 보유해야 하고요.

A 네, 맞습니다. 아주 잘 알고 계시네요. 그런데 이것보다 더 중요한 절세 팁이 있습니다.

Q 그런가요? 그게 뭐죠?

A 바로 공동명의입니다. 보통 부부 공동명의라고도 하죠. 들어보셨죠?

Q 네! 들어봤습니다. 그런데 부부 공동명의가 그렇게 좋나요?

A 물론이죠. 중요한 절세방법이 될 수 있습니다.

양도소득세 관련 절세에 있어 공동명의는 매우 중요하다. 보유세의 종합부동산세에서도 공동명의가 유리하다고 했는데 양도세도 마찬가지다. 크게 다음과 같은 두 가지 이유 때문이다.

첫째, 양도소득세는 인별(人別) 과세다. 따라서 공동명의를 하면 명의가 분산되기 때문에 과세표준의 범위가 줄어들면서 적용되는 세율이 단독명의일 때보다 낮아진다. 그 결과, 납부해야 하는 세금이 줄어든다.

둘째, 마찬가지로 개인별로 기본 공제 250만 원을 적용받기 때문이다.

그렇다면 실제로 얼마나 유리한지 사례를 통해 살펴보자(계산 편의상 소수점 이하는 버린다).

다주택자 김부자는 5억 원에 취득했던 거주용 아파트를 4년이 지난 2020년 10월 8억 원에 매도하려고 한다(세법상 인정되는 필요 경비는 3,000만 원). 단독명의이고 일반 과세라고 가정할 때 양도소득세는 얼마가 될까?

• 과세표준 구하기

① 양도 차익: 8억 원(양도가액) − 5억 원(취득가액) − 3,000만 원(필요 경비)=2억 7,000만 원

② 장기 보유 특별 공제: 2억 7,000만 원(양도 차익)×8%(4년 보유)=2,160만 원

③ 과세표준: 2억 7,000만 원(양도 차익) − 2,160만 원(장기 보유 특별 공제) − 250만 원(기본 공제)=2억 4,590만 원

• 세율 적용 및 양도소득세 구하기

① 세율: 38%('1억 5,000만 원 초과~3억 원 이하' 과세표준 구간)

② 양도소득세: 2억 4,590만 원(과세표준)×38%(세율)

－1,940만 원(누진공제액)=7,404만 원

납부해야 하는 세금은 7,404만 원이다(지방세 10%인 740만 원이 가산되지만 편의상 생략). 양도일이 속하는 달(10월)의 말일로부터 2개월 이내에 납부해야 하므로, 12월 31일까지 신고하면 된다.

공동명의인 경우에는 어떻게 달라지는지 살펴보자. 김부자의 상황에서 명의만 단독명의가 아니라 (부부)공동명의라고 할 때 양도소득세는 얼마가 될까? 편의상 지분은 남편과 아내가 5대 5로 한다. 순서는 '과세표준 구하기', '세율 적용 및 양도소득세 구하기'로 앞과 같다. 단, 공동명의이므로 '양도소득금액'을 지분별로 나눠서 개인별 과세표준을 구해줘야 한다는 점이 다르다.

• 과세표준 구하기(지분이 동일하므로 한 명 것만 구하면 됨)

① 양도 차익: 8억 원(양도가액)－5억 원(취득가액)－3,000만 원(필요 경비)=2억 7,000만 원

② 장기 보유 특별 공제: 2억 7,000만 원(양도 차익)×8%(4년 보유 가정)=2,160만 원

③ 양도소득금액: {2억 7,000만 원(양도 차익) - 2,160만 원(장기 보유 특별 공제)=2억 4,840만 원}×50%(지분)=1억 2,420만 원(아내도 동일)

④ 과세표준=1억 2,420만 원(양도소득금액) - 250만 원(기본공제)=1억 2,170만 원

• 세율 적용 및 양도소득세 구하기

① 세율: 35%('8,800만 원 초과~1억 5,000만 원 이하' 과세표준 구간)

② 양도소득세: 1억 2,170만 원(과세표준)×35%(세율) - 1,490만 원(누진공제액)=2,769만 원

이제부터가 중요하다. 양도소득세는 2,769만 원이다. 이 금액은 아내도 마찬가지다. 그렇다면 부부가 내야 할 양도소득세 총액은 구해진 양도소득세에 '×2'를 해야 하므로 5,538만 원이 된다.

단독명의일 때의 7,404만 원과 비교해 보니 1,866만 원이나 차이가 난다. 명의만 부부 공동으로 했는데 말이다. 왜 이런 결과가 나온 것일까?

첫째, 명의에 따라, 즉 인별로 양도소득금액을 분리하자 과세표준이 2억 4,590만 원에서 1억 2,170만 원으로 거의 반 가까이 줄었기 때문이다. 그 결과, 적용되는 세율이 38%에서 35%로 줄어들

면서 양도소득세가 준 것이다.

둘째, 명의자가 2명이라서 기본 공제 등이 각각 적용되었기 때문이다. 이 역시 과세표준을 줄여주는 효과가 발생한다.

2장에서도 공동명의를 하면 종합부동산세를 절세할 수 있다고 했다. 마찬가지로 양도소득세에서도 공동명의가 절대적으로 유리하다. 공동명의를 하면 줄일 수 있는 세금이 꽤 되는 것이다. 김부자의 사례를 요약하면 다음과 같다(단위: 만 원, 소수점 이하는 버림).

구분	단독 명의	공동 명의
양도가액	80,000	80,000
(−)취득가액	50,000	50,000
(−)필요 경비	3,000	3,000
양도 차익	27,000	27,000
(−)장기 보유 특별 공제	2,160(4년 보유 가정, 양도 차익의 8%)	2,160(4년 보유 가정, 양도 차익의 8%)
양도소득금액	24,840	24,840×50%=12,420
(−)기본 공제	250	250
과세표준	24,590	12,170
세율	38%	35%
(−)누진공제액	1,940	1,490
세액(세금)	7,404	2,769
내야 할 세금 총액	7,404	5,538(=2,769×2명)

공동명의로 인한 절세액은 1,866만 원이다.

매수는 기술,
매도는 예술

Q 공동명의로 하니 세금이 생각보다 많이 절세가 되네요. 이제 매도만

잘하면 되는 거죠?

A 하하, 부동산을 매도할 때는 특히 조심해야 하는 사항이 많습니다. 이

를 간과하면 세금 폭탄을 맞을 수 있습니다.

Q 정말요? 그게 뭐죠?

A 바로 '합산과세'와 '간주 매매사업자'입니다.

합산과세를 아시나요?

양도소득세의 과세 기준일은 매년 1월 1일부터 12월 31일까지
다. 즉, 해당 연도에 양도한 양도 자산은 그룹별로 모두 합산하기
때문에 당연히 양도 자산이 늘어날수록 과세표준은 증가한다.

다음 사례를 보자. 양도 시기만 달리 했는데 무려 1,369만 원이나 절세했다.

구분	주택 A+B	주택 A	주택 B
양도소득	1억 6,000만 원	8,000만 원	8,000만 원
기본 공제	250만 원	250만 원	250만 원
과세표준	1억 5,750만 원	7,750만 원	7,750만 원
세율	38%	24%	24%
누진공제액	1,940만 원	522만 원	522만 원
양도소득세	4,045만 원	1,338만 원	1,338만 원

〈예상 세액〉

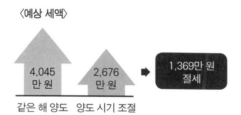

주택 A와 B는 양도소득금액이 모두 8,000만 원으로 동일하다. 이 주택을 한 해에 모두 양도할 경우에는 합산과세가 되기 때문에 과세표준은 1억 5,750만 원[1억 6,000만 원 - 250만 원(기본 공제)]이 되며, 적용되는 세율은 38%이고 양도소득세는 4,045만 원이 된다 (1억 5,750만 원×38% - 1,940만 원).

기간을 구분해서 매도했다고 해보자. 다소 극단적으로 주택 A는 2019년 12월 31일에, 주택 B는 2020년 1월 1일에 매도했다면 적용되는 연도가 다르기 때문에 합산과세가 되지 않는다.

주택 A는 과세표준이 7,750만 원[8,000만 원 - 250만 원(기본 공제)], 24% 세율이 적용되어 양도소득세는 1,338만 원이 나온다 [7,750만 원×24% - 522만 원(누진공제액)]. 주택 B도 같은 금액이 나오기 때문에 결과적으로 연도를 달리해서 합산과세를 피하면 최종 납부할 양도소득세는 2,676만 원이 된다. 합산과세의 경우와 비교하면 무려 1,369만 원이나 차이가 나는 것이다.

이처럼 합산과세가 효과적으로 보이니 무조건 양도 시기를 달리하는 것만이 능사일까? 그렇지 않다. 오히려 양도 차손이 나온다면 적극적으로 동일연도 내에 매도하는 것이 낫다. 왜냐하면 양도 차손은 다음 해로 이월되지 않고 해당 연도에만 적용받을 수 있기 때문이다.

양도 차손이 났는데 다른 연도에 매각했을 때(합산과세 미적용)	양도 차손이 났는데 동일 연도에 매각했을 때(합산과세)
A 주택 • 양도 차손 1,000만 원 • 2019년 매도 →양도세 없음(단, 신고 의무는 있음)	A 주택 • 양도 차손 1,000만 원 • 2020년 매도 →양도세 없음(단, 신고 의무는 있음)
B 주택 • 양도 차익 2,000만 원 • 2020년 매도 →양도세 154.5만 원(과표 1,750만 원)	B 주택 • 양도 차익 2,000만 원 • 2020년 매도 (양도 차손과 합산) →양도세 45만 원(과표 750만 원)

주택 A는 양도 차손이 1,000만 원이고 주택 B는 양도 차익이 2,000만 원이다. 연도가 다르게 매각하면 합산과세가 되지 않기

때문에 주택 A는 내야 할 양도소득세가 없지만 주택 B는 154만 5,000원이 나온다(양도 차익 2,000만 원에서 기본 공제 250만 원을 빼니 과세표준은 1,750만 원이 나왔다). 주택 A의 경우 내야 할 세금이 없으니 신고를 안 해도 된다고 생각할 수 있지만 그러면 안 된다. 비과세의 경우를 제외하고는 납부할 세액이 없어도 신고 의무가 있다(예정 신고의 경우 양도일이 속하는 달의 말일로부터 2개월 이내에 관할 세무서에 양도소득세 신고를 해야 한다).

그런데 오른쪽의 상황처럼 주택 A와 B를 같은 연도에 매도하면 합산할 수 있다. 양도 차손 1,000만 원과 양도 차익 2,000만 원을 합하면 순수 차익은 1,000만 원이 된다. 여기에서 기본 공제 250만 원을 빼면 과세표준이 750만 원으로 나오고 양도소득세는 45만 원이 된다. 합산과세가 될 때와 안 될 때의 차액을 비교하면 109만 5,000원이나 된다(154만 5,000원 - 45만 원).

왜 이런 결과가 나온 것일까? 주택 A에서 발생한 양도 차손이 다음 해로 이월되지 않기 때문이다. 만일 양도 차손이 나왔다면 적극적으로 활용할 필요가 있다.

이처럼 매도 타이밍만 잘 조절해도 절세할 수 있는 금액이 적게는 몇십만 원에서 수천만 원 단위로 뛸 수 있기 때문에 사전에 계획을 잘 세우는 것이 중요하다.

잦은 매도 때문에 간주 매매사업자가 될 수 있다

5장에서 자세히 살펴보겠지만 주택 관련 사업자는 임대를 통해 수익을 만드는 임대사업자와 사고팔기를 통해 수익을 내는 매매사업자로 구분된다. 이 중에서 주택 매도와 관련해서는 매매사업자가 되는지 여부를 유의한다.

사업상 목적으로 1과세기간(상·하반기 각각 6개월) 중에 1회 이상 부동산을 취득하고 2회 이상 팔면 매매사업자로 간주될 수 있다(부가가치세법 시행규칙 제2조 ②항).

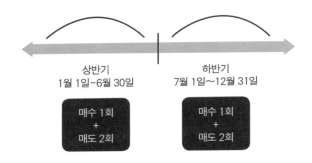

상반기와 하반기 각각 매수 1회, 매도 2회를 기준으로 해서 그 이상 거래하면 매매사업자로 간주될 가능성이 매우 높다. 일정을 반기 기준으로 한 이유는 부가가치세 1과세기간이 6개월이라서 그렇다. 현행 부가가치세법과 소득세법에서는 특정 행위의 '계속', '반복성'이 있을 경우 사업성이 있다고 보게 되어 부동산 매매의 경우에는 앞의 내용처럼 규정한 것이다. 그러므로 주택을 매도할 때 6개월을 기준으로 매수 1회, 그리고 매도 2회 이상이 되지 않도록 유의한다.

만약 매매사업자로 간주되면 어떻게 될까? 이때에는 매도한 금액 중 건물부분 가액의 10%를 부가가치세로 납부해야 한다. 하지만 처음부터 사업자로 신고하지 않은 이상 부가가치세를 포함하여 거래한 사람이 얼마나 될까? 그래서 이에 대해 추징을 당하게 되면 그 금액은 생각보다 꽤 커질 수 있다. 단, 전용 면적 85제곱미터 이하 주택은 부가가치세 면세이므로 중대형 아파트에 투자한 사람이라면 향후 매도 시 이런 부분까지 염두하고 진행한다.

물론 과세당국이 매매사업자로 간주할 때 기존 행위 등을 종합적으로 보고 판단한다. 그렇다고 해도 괜히 다른 사람들과 달리 '튀는' 매매 패턴으로 불필요한 주목을 받을 필요는 없다.

부동산, 특히 주택을 매매할 때는 '6개월 기간 동안 1회 매수 및 매도 2회 미만' 원칙을 기억한다. 보유 중인 주택이 많아도 6개월에 1채, 1년에 2채 정도 매도가 적당하다. 매도한 적이 없다면 매수 횟수는 크게 신경 쓰지 않아도 된다. 그 대신 매수가 많다면 자금 출처조사에 유의한다.

양도세 비과세의 핵심,
1후 · 2보 · 3매

Q 매수도 중요하지만 매도는 더욱 조심해야 하는군요. 그리고 부부 공동

명의가 이렇게 좋은 줄 몰랐습니다. 저 같은 미혼에게는 너무 한 것 아

닌가요?

A 하하, 가족이나 친지분과 같이 하면 되죠. 공동명의도 좋지만 더 좋은

것도 있습니다. 바로 양도소득세 비과세!

Q 비과세요? 앞에서 비과세와 감면 차이에 대해서 알아봤는데 그때 나

온 비과세 맞죠?

A 네, 잘 알고 계시네요. 세금 관련해서 납세자에게 가장 유리한 것이 바

로 비과세인데 양도소득세에도 비과세가 있습니다.

양도소득세는 단 한 번의 거래로 적게는 몇백만 원, 시세 차익이

크면 수천만 원에서 그 이상을 납부하는 세금이다. 이런 이유로 조

세 저항이 크고 관련 절세법에 관심이 많다. 다행히 비과세가 되는 방법도 있으니 이번 기회에 확실히 알아놓자.

세법에서는 투기성 거래에 대해 높은 세율을 적용하지만(주택의 경우 1년 미만 보유 시 40%, 미등기 부동산은 70% 등) 1주택자에게는 반대로 파격적인 혜택을 주기도 한다. 바로 '1가구 1주택 비과세' 이다.

1채라면 무조건 2년 이상 보유

김대한은 부인, 아들, 딸 등 네 식구의 가장이다. 김대한의 명의로 3년 전에 구입한 집이 한 채 있는데 이번에 팔려고 한다. 다른 가족 명의로 된 집이 없다면 양도소득세는 얼마나 나올까?

'양도가와 취득가는 얼마고 필요 경비는 얼마나 인정받을까?', '3년 이상 보유했으니 장기 보유 특별 공제는 6%가 맞지?' 등을 확인해야 한다고 생각할 수 있다. 맞는 생각이지만 김대한과 그 가족의 경우를 보면 집이 한 채이고 보유 기간이 2년 넘었기 때문에 양도소득세는 비과세가 된다. 예외적으로 과세되는 경우가 조정대상지역에 있다거나 실거래가가 9억 원을 초과하는 고가주택일 때다. 고가 주택이라면 9억 원을 초과하는 부분에 대해 양도소득세가 나온다.

예전에는 비과세를 받으려면 2년 이상 '보유'뿐만 아니라 '거주'

까지 해야 했다. 실수요자를 위한 정책이었는데 부동산 경기 활성화 등을 이유로 '보유'로 바뀐 것이다. 이번 기회에 '거주'가 아닌 '보유'라는 점도 정확하게 알자(물론 8·2 대책 발표 이후부터는 조정 대상지역 내 위치한 주택의 경우 반드시 거주해야 한다).

일시적 2주택자라면 1후 · 2보 · 3매

앞 사례의 김대한은 해당 주택을 2년 이상 보유했기 때문에 매도하면 비과세 혜택을 받지만 당장 가족이 거주할 집이 없어진다는 문제가 발생한다. 그래서 현재 살고 있는 집을 보유한 상태에서 이사 갈 집을 매입하는 경우가 대부분이다. 그러면 2주택자가 되는 것이 아닌가? 어떡해야 하지?

법(法)이라는 한자를 풀이해보면 물[氵]처럼 자연스럽게 흘러가는 것[去]을 의미한다. 법이라는 것도 합리적이고 상식이 통해야 함을 말하는 것이다. 이러한 상황이 되어도 법은 '일시적 2주택자'라고 해서 일정 기간 배려해준다.

본인 명의인 아파트에 10년 넘게 거주하던 가장 이민국은 아이들이 점점 크자 인근 새 아파트로 이사를 결정했다. 그런데 세법을 잘 모르는 이민국은 지금 고민이 크다. 2년 이상 보유하면 양도소득세가 비과세된다는 것까지는 아는데 새 아파트로 이사를 한 다음에 기존 집이 바로 팔리지 않아 2주택자가 되면 어떻게 해야 하는지 잘 알지 못해서다.

현실적으로 이사를 계획하고 있다면 보통 어떻게 하는가? 살고 있던 집(A 주택)을 팔기 전에 이사 갈 새로운 집(B 주택)부터 구한다. 구한 다음에 A 주택을 중개사무소에 내놓는다. A 주택에 관심 있는 매수자가 나타나도 B 주택으로 이사한 다음에 A 주택을 산 매수자가 들어오도록 일정을 정한다. A 주택에서 B 주택으로 이사한 다음에 A 주택을 처분하는 것이 일반적인 과정이다.

그런데 이미 B 주택으로 이사를 했는데도 A 주택이 팔리지 않아 2주택자가 되는 경우가 있다. 그렇다면 1가구 1주택 비과세 혜택을 받지 못하는 것인가? 그렇지 않다. 법은 계속 1주택을 유지하려는 실수요자들에게 '일시적 2주택자 양도소득세 비과세' 조항을 만들어 보호하고 있다. 구체적으로는 다음과 같다.

> ① 종전 주택 취득일로부터 1년 이상이 지나고 신규 주택을 취득할 것(1후)
> ② 종전 주택은 2년 이상 보유할 것(2보)
> ③ 신규 주택을 취득하고 3년 이내에 종전 주택을 처분할 것 (3매)

실수요자든, 투자자든 ①~③은 반드시 기억하고 있어야 한다. 이 3가지 모두 충족해야 양도소득세 비과세가 가능하기 때문이다.

양도소득세 비과세를 적용받으면 적게는 몇백만 원에서 많게는 수천만 원의 세금을 줄일 수 있다(내용이 길어서 이 책에서는 앞으로 '1후·2보·3매'라고 하겠다). 그렇다면 이민국이 양도소득세 비과세 혜택을 받을 수 있는지 알아보자.

① 1후: A 주택을 취득하고 1년이 지난 후에 B 주택을 취득했는가? → A 주택에서 10년 넘게 거주했으므로 충족.

② 2보: A주택을 2년 이상 보유했는가? → 10년 넘게 거주했으므로 충족.

③ 3매: B 주택을 취득하고 3년 이내에 A 주택를 처분했는가? → 이민국은 아직 B 주택 취득을 결정하지 않았지만 이후 B 주택을 먼저 구매해도 3년 이내에 A 주택을 팔면 A 주택과 연관된 양도소득세는 비과세가 적용된다(단, 실거래가 9억 원 초과인 고가 주택은 9억 원 초과분에 대해서만 양도소득세가 과세된다).

어떤가? 여러분이 이민국이 되어 실제 이사를 간다고 생각해보자. A 주택을 10년 넘게 보유하고 있었으니 시세 차익이 꽤 될 것이다. 시세 차익이 1억 원 정도 되면 양도소득세는 대략 2,000만 원 내외가 나온다(필요 경비 등 다른 요소에 따라 이 값은 변할 수 있다). '1후·2보·3매'의 내용을 제대로 확인하지 않으면 2,000만 원 정도를 납부해야 하는 것이다. 이처럼 '1후·2보·3매'는 마법의 원칙이다.

이제 '1후·2보·3매'의 몇 가지 예외를 살펴보자

일시적 2주택 비과세를 줄여서 '1후·2보·3매'라고 표현하기로 했다. 여기에서 끝나면 참 좋겠지만 안타깝게도 몇 가지 예외적인 내용을 더 알아야 한다. 계속 발표된 정부 대책으로 인해 지역, 일정에 따라 추가로 알아야 할 것들이 생겼다.

우선 기존 집(앞 사례의 A 주택)을 조정대상지역이 지정되고 난 후에 취득했다면 2년 보유가 아닌 '2년 거주'를 해야 한다. 따라서 이때는 '2보'가 아닌 '2거'가 될 것이다. 조정대상지역 지정 이후 취득한 주택을 비과세받기 위해서는 2년 거주를 해야 함을 이미 여러 차례 언급했기에 별로 어렵지 않을 것이다. 문제는 그다음이다.

2018년에 발표한 '9·13 대책', 2019년에 발표한 '12·16 대책'으로 일시적 2주택 비과세에도 제재 사항이 몇 가지 들어갔다. 가장 중요한 것은 조정대상지역에서 조정대상지역으로 이동할 때 이 제재 사항이 적용된다는 점이다. 그러니까 그 외, 즉 '조정→비조정', '비조정→조정', '비조정→비조정'의 경우에는 정부의 규제가 적용되지 않음을 우선 알아야 한다.

구분	일시적 2주택 비과세 예외 규제 적용 여부
조정 → 조정	○
조정 → 비조정	×
비조정 → 조정	×
비조정 → 비조정	×

그렇다면 어떤 규제가 적용되는 것일까? 이에 대해서는 두 가지를 알아야 한다. 첫 번째는 시기, 그리고 두 번째는 그 시기에 따른 규제 내용이다. 그래서 복잡하다. 앞으로 볼 사례에서 공통사항은 다음과 같다.

- 편의상 먼저 취득한 주택을 1번 주택, 나중에 취득한 주택을 2번 주택이라 한다.
- 당연히 1번 주택에서 2번 주택으로 이사하는 경우다.
- 1번 주택을 취득 후 1년 이후에 2번 주택을 취득해야 한다 (1후).
- '조정대상지역→조정대상지역'으로 이사하는 경우다.

이제 대책에 따라 달라지는 내용을 살펴보자. 먼저 9·13 대책에서는 1번 주택에서 2번 주택으로 이사를 할 때, 2번 주택 취득 후 1번 주택의 매도 시기가 3년에서 2년으로 줄어든 것이 특징이다. 즉, '3매'가 아닌 '2매'인 것이다.

선의의 피해를 막기 위해 2번 주택과 관련해 2018년 9월 13일 이전에 ① 계약서를 작성하고, ② 계약금을 지급한 경우에는 종전 규정을 적용한다. 즉, 2번 주택 취득 후 '3년 이내에' 1번 주택을 매도하면 된다. 예를 들어, 2번 주택을 2018년 9월 12일에 계약했다면 종전 집, 즉 1번 주택을 그로부터 3년 이내인 2021년 9월 12일까지 매도하면 된다.

그런데 12·16 대책으로 이게 또 한 번 바뀌게 된다. 가령 2019년 12월 16일 이후로 2번 주택을 취득하면 그 전까지는 앞서 보았던 것처럼 9·13 대책의 영향으로 2년 안에 1번 주택을 팔았어야 했다. 하지만 이제는 2년이 아닌 1년 안에 1번 주택을 팔아야 한다.

여기에서 그치는 것이 아니다. 2번 주택을 취득하고 1년 이내에 전입해야 한다. 즉, 12·16 대책 이후에 1번 주택(조정)에서 2번 주택(조정)으로 이사하면 2번 주택 취득 후 1년 안에 2번 주택으로 전입해야 하고, 1년 안에 1번 주택을 매도해야 한다. 당연히 1번 주택 취득 후 1년이 지난 상태에서 2번 주택을 사야 함은 물론이다. 그러므로 이제는 '1·1·1' 법칙으로 외우면 어떨까 한다. 물론 조정대상지역에서 조정대상지역으로 이동하는 경우지만 말이다.

하지만 이 역시 대책 이전에 2번 주택을 계약하면 종전 규정이 적용된다. 즉, 2018년 9월 13일 이후에서 2019년 12월 16일 이전에 2번 주택과 관련해 ① 계약서 작성을 하고, ② 계약금 지급을

했다면 종전 규정 적용이므로 2년 안에 1번 주택을 매도하면 되는 것이다.

단, 12·16 대책이 9·13 대책과 다른 점 중 기억할 것이 있다. 12·16 대책으로 인해 2번 주택을 취득하고 나서 1년 이내에 2번 주택으로 전입해야 하는 조건이 생겼는데, 만약 2번 주택에 임차인이 거주하고 있으며 이때 임차 계약 기간이 1년 넘게 남았다면? 1년 이내에 전입하는 데 문제가 생긴다. 이때는 2년을 최대 한도로 1년이 넘더라도 예외를 둔다는 것을 설명했다(104쪽 참고).

양도소득세 비과세
돋보기 ①

Q 부부 공동명의보다 비과세가 더 좋은 것 같습니다.

A 물론입니다. 가장 좋은 것이 비과세 혜택이지만 그만큼 엄격하게 적용

하기 때문에 반드시 사전에 전문가와 상의해야 합니다.

Q 이렇게 좋은 비과세의 경우가 또 있을까요?

A 세법은 이 외에도 비과세 혜택이 가능한 요건을 더 정해놨습니다.

'1후·2보·3매' 외에도 양도소득세 비과세의 요건으로 무엇이

있는지 알아보자.

'1세대' 개념

비과세 관련해서 중요한 단어가 바로 '1세대'이다. 세법은 1세대

를 기준으로 1주택자이거나 일시적 2주택자일 때 비과세 혜택을 주기 때문이다. 간혹 착각해서 1세대가 아닌 1인 1주택으로 혼동하여 아깝게 비과세를 놓치기도 하니 주의한다(보통 '1세대'보다 '1가구'라고 말하는데 법률적 용어로는 '1세대'가 맞다. 이 책에서도 일상적으로 쓰는 '1가구'로 했지만 여기에서는 설명을 위해 '1세대'로 언급하겠다).

세법에서는 '거주자 및 그 배우자가 동일한 주소 또는 거소에서 생계를 같이 하는 가족과 함께 구성하는 1세대'라고 규정하고 있다(소득세법 시행령 제154조 ①항). 기본적으로 혼인을 통해, 즉 배우자가 있고 가족을 이뤄야 1세대로 보고 있다. 그런데 거주자의 나이가 30세 이상인 경우, 배우자가 사망했거나 이혼한 경우에는 현재 혼인 상태가 아니라도 1세대로 본다(소득세법 시행령 제154조 ②항). 또한 종합소득, 퇴직소득, 양도소득이 중위소득의 40% 이상으로 독립된 생계를 유지할 수 있는 경우도 해당된다(단, 미성년자는 이에 대해 제외하되 미성년자라고 해도 결혼, 가족 사망 등 불가피한 사정이 있다면 기획재정부령으로 1세대로 볼 수 있다).

이사를 갈 때 지역에 따라 달라진다

새 주택을 사서 이사할 경우에는 기본적으로 앞에서 살펴봤던 '1후·2보·3매'에 해당해야 한다. 이 외에 알아놓아야 하는 것이 '어디로 이사를 가느냐?'이다.

수도권에 있는 법인이나 공공기관이 수도권 밖의 지역으로 이전함에 따라 관련자가 이사할 경우 좀 더 혜택을 받을 수 있다. 예를 들어 세종시 근무로 인해 가족이 이사 가는 경우다. '1후·2보·3매'에서 '1후' 조건이 없어도 되며 '3매(3년 이내 매도)'도 '5매(5년 이내 매도)'로 늘어난다. 즉, 기존 주택을 취득한 지 1년 이내에 신규 주택을 취득했어도 기존 주택을 2년 이상 보유하고 신규 주택을 취득한 지 5년 이내에만 기존 주택을 처분하면 된다.

세종시로 근무지가 바뀌는 바람에 이사를 간 사람을 만난 적이 있었다. 어떻게 하다 보니 기존 주택을 4년째 갖고 있게 되어 '일시적 2주택자 양도소득세 비과세' 조항인 '1후·2보·3매' 중에서 '3매'를 놓쳐 걱정이라고 필자에게 말했다. 필자는 그런 상황 변화에서는 '3매'가 '5매'로 바뀐다는 것을 알려줬다. 그렇게 해서 그 사람은 비과세 혜택을 받았다.

결혼으로 2주택자가 되면 5년 내에 매도한다

각자 주택을 1채씩 갖고 있던 남녀가 만나 결혼했다. 결혼을 했으니 1세대가 된다. 그렇다면 1세대(1가구) 2주택이 되므로 나중에 집을 팔 때 양도소득세 비과세의 혜택을 받지 못할까?

현행 세법에서는 결혼으로 2주택이 되었을 경우 아무 주택이나 5년 이내에 팔면 해당 주택을 1주택으로 간주하여 양도소득세를 내지 않게 해준다. 앞의 '이사'보다 더 큰 혜택을 줬다고 볼 수 있다. 어느 주택을 팔아도, 그리고 3년이 아닌 5년 이내에만 팔면 비과세가 가능하다는 점에서 그렇다.

다음과 같은 상황도 있을 수 있다. 부모 세대와 자녀 세대가 분리되어 있는데, 부모 세대도 1주택, 자녀 세대도 1주택이다. 사정이 생겨 부모를 모시고 살아야 할 경우, 세대 합가로 인해 1세대 2주택이 된다면 이때 비과세가 가능할까? 만약 반대로 비과세가 되지 않아 합가를 못 한다면 이건 세법이 문제가 아니라 '국민 정서'에도 부합하지 않을 것이다. 따라서 이 경우 역시 세법에서 특별히 비과세 혜택을 주기로 했다. 다음과 같은 조건을 충족시켜야 한다.

- 부모 중 한 명은 60세 이상일 것
- 부모를 봉양하는 조건으로 세대를 합가할 것
- 세대 합가 후 10년 이내 어느 한쪽 주택을 양도하면 해당 주택은 비과세 혜택이 가능

원래 이 제도는 합가 후 5년 이내에 한쪽 집을 팔아야 비과세가 가능했으나 10년으로 기간이 연장되었다. 그리고 중대 질병(암, 희소병 등)으로 부모를 봉양하는 경우에는 부모가 60세 이하라 해도 비과세 혜택이 가능하게 최근 개정되었다. 성실 납세도 중요하지만 세법 역시 사회환경에 맞춰 계속해서 합리적으로 변하는 중이

다. 우리도 이에 따라 받을 수 있는 혜택은 없는지 잘 살펴봐야 할 것이다.

상속으로 2주택자가 되었다

부모 세대와 자식 세대가 분리된 경우를 생각해보자. 각각의 세대가 주택을 1채씩 갖고 있어 1세대(1가구) 1주택 비과세 요건을 갖춘 상태다. 그런데 부모가 사망하는 바람에 부모의 주택이 자식에게 상속되어 갑자기 2주택자가 됐다. 그렇지 않아도 부모의 사망으로 슬픔에 잠겨 있는 자식들에게 2주택자가 됐다며 양도소득세 비과세 혜택을 거둬 가면 누가 좋아할까?

그래서 세법에서는 상속받은 주택이 아닌 기존 보유 주택을 매도할 경우 비과세 혜택을 주고 있다. 2년 이상 보유는 해야 하지만 처분 시점은 제한두지 않았다. 언제 매도하더라도 기존 주택(여기서는 자식 세대의 주택)에 대해서는 양도소득세가 비과세된다.

이 외에도 법에서 열거한 비과세 사례는 다음과 같다(세부적인 진행은 혼자 판단하지 말고 전문가와 같이 한다).

첫째, 지정 문화재 및 등록 문화재에 해당하는 주택과 그 외의 일반 주택을 국내에 각각 하나씩 소유하고 있는 1세대가 일반 주택을 양도하는 경우다.

둘째, 농어촌주택과 그 외의 일반 주택을 국내에 각각 하나씩 소유하고 있는 1세대가 일반 주택을 양도하는 경우다. 단, 농어촌 주택 중 영농, 영어 목적으로 취득한 귀농 주택에 대해서는 그 주택을 취득한 날부터 5년 이내에 일반 주택을 양도했을 때 적용된다.

셋째, 취학, 근무 형편, 질병의 요양, 그 외에 부득이한 사유로 취득한 수도권 밖에 소재하는 주택과 그 외의 일반 주택을 국내에 각각 하나씩 소유하고 있는 1세대가 부득이한 사유가 해소된 날부터 3년 이내에 일반 주택을 양도하는 경우다.

양도소득세 비과세 돋보기 ②

다음 사례를 통해 양도소득세 비과세 혜택의 원리를 좀 더 알아보자.

집이 2채인 박만세는 최근에 하나를 더 사게 되었다. 일시적 2주택으로 인한 비과세 혜택을 보려고 했는데 갑자기 1채가 더 늘어났다. 그런데 가장 먼저 취득한 A 주택의 시세 차익이 워낙 커서 양도소득세가 부담스럽다. 좋은 방법이 없을까?

① A 주택은 2015년 8월, B 주택은 2019년 5월, C 주택은 2020년 6월에 샀다.

② 증여·상속, 주택 임대사업은 고려하지 않는다.

③ 조정대상지역이 아니고 일반적인 경우로 가정한다.

순차적으로 매도하는 경우

가장 일반적인 매도과정이다. C 주택을 팔아 양도소득세를 내고 B 주택 역시 팔아 양도소득세를 낸다(물론 반대의 순서도 가능하다). 그리고 남은 A 주택으로 비과세를 적용받는다. A 주택을 가장 먼저 취득했지만 A 주택 양도 당시에는 1주택자이기 때문에 비과세가 가능하다. 이렇게 시세 차익이 가장 큰 A 주택을 가장 나중에 매도하는 것이다.

양도 차손이 발생했다!

앞에서 양도 차손이 발생했을 경우에는 적절히 활용해야 한다고 말했다. 만약 B 주택, C 주택 중에 손해가 났거나 시세 차익이 별로 없었다면 전략적으로 같은 해에 매도하자. 그런 다음에 시세 차익이 가장 큰 A 주택을 매도하면 좀 더 절세 효과를 누릴 수 있다.

절세 고수는 '일시적 2주택 비과세'를 선택한다

보통 순차적으로 매도하는데 절세 고수라면 'C 주택보다 B 주택을 먼저 매도한다면?'이라고 생각할 것이다. 어떻게 진행될까?

박만세의 사례로 다시 돌아가 보자. C 주택을 취득하는 바람에 3주택자가 되었다. 일시적 2주택자에게 주는 비과세 혜택은 불가능해 보인다. 그런데 B 주택을 매도하여 A 주택과 C 주택만 남는 다면 일시적 2주택자에 대한 비과세 적용이 가능하지 않을까?

'일시적 2주택자'에 대한 비과세 판단은 해당 주택을 '양도할 당시'를 기준으로 한다. 박만세의 경우에는 A 주택을 양도할 당시를 기준으로 따지면 되는 것이다.

① 1후: A 주택을 취득한지 1년 후 C 주택을 취득하였는가?
→ A 주택은 2015년 8월, C 주택은 2020년 6월에 샀으므로 1년 후가 맞다.

② 2보: A 주택은 취득한 지 2년 이상 보유했는가? → 맞다.

③ 3매: C 주택을 취득한 지 3년 이내 매도할 예정인가? → C 주택을 2020년 6월 취득했으므로 그로부터 3년 이내인 2023년 6월 이내에 매도하면 A 주택의 양도소득세에 비과세 적용이 가능하다.

이처럼 다른 항목에는 적용이 불가능해 보였는데 또 다른 항목(여기서는 '양도소득세 비과세')에는 적용되기도 한다. 그러므로 뭔가 다른 방법이 있는지 항상 전문가와 상의해보자.

만일 B 주택이 아닌 C 주택을 매도한다면 어떨까? 그리고 결과적으로 B 주택과 C 주택 중 어떤 주택을 먼저 매도하는 것이 유리할까?

C 주택을 매도해도 일시적 2주택자 비과세 혜택은 가능하며, B 주택과 C 주택 중에서 양도 차익이 적은 주택을 먼저 팔아야 유리하다. 그렇게 해야 A 주택 비과세를 받고 남은 주택 하나도 1주택으로 비과세를 받을 수 있기 때문이다.

그런데 2021년도가 되면 이 방법에도 다소 변화가 생길 전망이다. 즉, 지금까지는 양도세 비과세 판단의 대원칙이 '양도 당시'가 기준이었는데 앞으로 다주택자가 기존 주택을 매도하고 최종 1주택이 남게 되면 '순수 1주택'을 보유한 날로부터 다시 2년을 추가 보유한 후에 팔아야 1주택 비과세가 가능하게 됐다.

따라서 앞의 사례처럼 3주택에서 1채를 매도하고 남은 2채를 모두 비과세받으려면 가급적 2020년도에 매도하는 것이 유리하다. 만약 2021년도 이후에 최종 1주택을 매도하면 곧바로 1주택 비과세가 되는지 혹은 추가 2년 보유를 해야 하는지를 확인한 후에 양도하는 작업이 무엇보다 필요하다.

일시적 2주택 비과세 판단을 위한 '최종 1주택' 기산일

일시적 2주택 비과세 관련하여 다음의 기획재정부 유권 해석을 함께 알아둘 필요가 있다. 정확하게는 '최종 1주택' 비과세 판정인데, '2021년도부터 최종 1주택이 된 상태에서 2년 이상을 추가로 보유해야 하는데 이때 일시적 2주택 비과세는 예외'라는 부분에 대해 기획재정부에서 내린 유권 해석이므로 참고한다.

하지만 최종 판단은 스스로 하기보다는 반드시 사전에 세무전문가에게 재차 검증을 받고 계약을 진행해야 한다. 과세당국의 취지를 그대로 전하기 위해 사례의 날짜 등은 동일하게 했으며 약간의 설명만 추가했다.

〔CASE A _ '당해 주택 취득일'부터 기산하는 경우〕
- 다음의 경우 제1안이 타당(쟁점 1 · 3 · 4 · 6).
- 즉, 당해 주택의 취득일로부터 보유 기간을 기산하여 비과세 판단.

〈쟁점 1〉

3주택 보유 세대가 1주택을 양도(과세)하여 '남은 주택이 일시적 2주택'
이 된 상태에서 종전 주택 양도
(제1안) 당해 주택 취득일(15년 10월)
(제2안) 직전 주택 양도일(20년 12월)

〈사례〉

〈쟁점 3〉

2주택 이상 보유 세대가 1주택 외의 주택을 모두 양도(비과세)한 후 다시
'신규 주택 취득하여 일시적 2주택'이 된 상태에서 1주택(종전 주택) 먼
저 양도
(제1안) 당해 주택 취득일(사례 ① 14년 12월, 사례 ② 17년 3월)
(제2안) 직전 주택 양도일(사례 ① 17년 8월, 사례 ② 18년 4월)

〈사례 ①〉

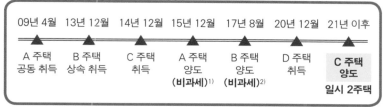

1) 일시적 2주택(영§155①, ②)   2) 일시적 2주택(영§155①)

〈사례 ②〉

1) 일시적 2주택(영§155①)

〈쟁점 4〉

일시적 2주택 세대가 주택 양도(비과세) 및 신규 주택 취득으로 다시 일시적 2주택이 된 다음, 1주택 양도 후 남은 '최종 1주택(대체 주택)' 양도
(제1안) 당해 주택 취득일(18년 5월)
(제2안) 직전 주택 양도일(21년 3월)

〈사례〉

1) 일시적 2주택(영§155①)

〈쟁점 6〉

3주택 보유 세대가 먼저 1주택을 양도(과세)하여 일시적 2주택이 된 상
태에서 1주택 양도 후 남은 '최종 1주택(대체 주택)' 양도
(제1안) 당해 주택 취득일(19년 1월)
(제2안) 직전 주택 양도일(21년 이후)

〈사례〉

1) 일시적 2주택(영§155①)

〔CASE B _ '직전 주택 양도일을 취득일'로 하여 기산〕

- 다음의 경우 제2안이 타당(쟁점 2 · 5 · 7).
- 즉, 직전 주택 양도일을 취득일로 봄. 따라서 최종 1주택이 된 상태에서 2년을 추가 보유해야 비과세 가능.

〈쟁점 2〉

2주택 보유 세대가 1주택을 양도(과세)하여 1주택이 된 후 다시 '신규 주택 취득으로 일시적 2주택' 상태에서 1주택(종전 주택) 양도
(제1안) 당해 주택 취득일(16년 9월)
(제2안) 직전 주택 양도일(19년 8월)

〈사례〉

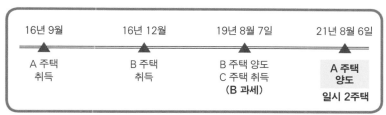

16년 9월	16년 12월	19년 8월 7일	21년 8월 6일
A 주택 취득	B 주택 취득	B 주택 양도 C 주택 취득 (B 과세)	**A 주택 양도** 일시 2주택

*19년 8월 7일 _ B 주택 양도(과세)와 동시에 C 주택 취득함.

〈쟁점 5〉

2주택 보유 세대가 1주택 양도(과세)한 후 남은 '최종 1주택' 양도
(제1안) 당해 주택 취득일(14년 4월)
(제2안) 직전 주택 양도일(21년 4월)

〈사례〉

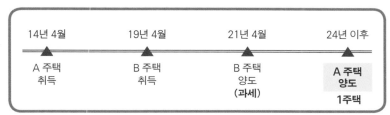

14년 4월	19년 4월	21년 4월	24년 이후
A 주택 취득	B 주택 취득	B 주택 양도 (과세)	**A 주택 양도** 1주택

〈쟁점 7〉

1주택과 1입주권(원 조합원) 보유 세대가 1입주권 양도(과세)한 후 남은 '최종 1주택' 양도
(제1안) 당해 주택 취득일(20년 2월)
(제2안) 입주권 양도일(22년 2월 또는 23년 11월)

〈사례〉

```
                                    22년 2월 or
  17년 11월    18년 11월    20년 2월   23년 11월     24년 2월 이후
    ▲           ▲           ▲          ▲             ▲
  A 주택       A 주택      B 주택 취득   A 입주권       B 주택
  취득        관리 처분    (임대사업 등록)  양도          양도
             인가                     (과세)         1주택
```

　사례에서 나온 것처럼, 1번에서 2번 주택 취득 시 '일시적 2주택 비과세' 요건을 맞추면서 기존 주택을 처분했다면 이때 최종 1주택 취득일은 당초 주택 취득일로 보는 경향이 많음을 알 수 있다. 거듭 강조하지만 비과세 판단 여부는 그리 만만하지 않으므로(앞의 쟁점 7개만 봐도 충분히 복잡하고 어렵지 않은가!), 앞의 사례를 참조해 유사한 상황이라면 당해 주택 취득일인지 혹은 직전 주택 양도일로부터 기산하는지를 확인한 후, 세무사 등 전문가와 상담한 다음에 진행한다.

증여세와 상속세,
그것이 알고 싶다

양도소득세가 타인에게 '유상(有償)'으로 인한 특정 자산의 이전이라면 증여와 상속은 '무상(無償)'으로 인한 특정 자산의 이전이라는 점에서 차이가 있다.

증여와 상속은 서로 비슷한 것 같지만 잘 보면 역시 차이가 있다. 재산을 갖고 있는 사람이 살아 있을 때 넘겨주면 증여세가, 사망해서 넘겨주면 상속세가 적용된다. 즉, 증여와 상속의 기준은 '생전(生前)이냐', '사후(死後)이냐'의 차이인 것이다.

상속세 부과와 형평을 맞추고 생전 증여를 통한 상속세 회피를 방지하기 위해 증여세가 도입된 입법 취지를 고려해보면 증여세는 상속세의 보완세 의미를 갖고 있다고 할 수 있다.

최근에는 부자가 아닌 사람들도 미리 자녀 등에게 재산 형성의 기회를 주는 동시에 절세를 위해 증여하는 경우가 많아 증여세와 상속세에 대한 관심이 높아졌다. 이번 장에서 증여세와 상속세가 어떻게 적용되는지, 줄일 수 있는 방법은 무엇인지 알아보자.

닮은 듯 다른
증여세와 상속세

증여세와 상속세는 비슷해 보이지만 사실 다른 세금이다. 그래도 두 세금의 취지는 유사하고 계산구조까지 비슷하기 때문에 같이 알아두면 좋다. 증여세는 증여로 인해 수증자(증여를 받은 자)가 받는 (증여)재산에 부과되는 세금이며 상속세는 재산을 넘겨주는 사람이 사망으로 인해 상속인이 받는 재산에 부과되는 세금이다. 모두 무상으로 재산이 이전된다는 점은 같지만 상속세는 '사망'이라는 사건이 있어야 발생하므로 평생에 한 번인 반면, 증여세는 증여라는 행위가 있을 때마다 발생한다는 차이가 있다.

납세 의무자는 누구일까?

증여세는 수증자가 신고 및 납부해야 한다. 증여하는 자가 다르다면 각각에 대해 증여세를 계산해야 한다. A가 B와 C에게 재산을 증여받는다면 B, C에게 받는 재산을 각각 따로 계산해야 하는 것이다. 그런데 B와 C가 부모라면 동일인에게 증여받은 것으로 보기 때문에 증여 재산을 합해야 한다. 이 경우에 증여세는 일반적으로 높아진다.

상속세의 납세 의무자는 상속인, 즉 상속을 받은 사람이다. 이에 대해서는 당연하다고 할 것이다. 피상속인, 즉 상속하는 사람은 이미 사망했기 때문이다. 그런데 상속인은 한 명이 아니라 여러 명인 경우가 많은데 현행 법상 피상속인의 유언이 있다면 유언에 따르는 '유언 상속'으로 진행한다. 만일 그것이 없다면 법률에 의해 상속인이 결정되는 '법정 상속'이 개시된다. 이에 관련해 법정 상속인은 다음과 같이 결정된다.

민법상 4촌 이내의 방계 혈족이 법정 상속인으로 될 수 있다. 순서는 피상속인(사망한 자)을 기준으로 ① 직계비속(자녀, 손자녀 등)→② 직계존속(부모, 조부모 등)→③ 형제자매→④ 4촌 이내 인척 순이다.

배우자의 경우 1순위와 2순위의 상속인이 있다면 해당 상속인과 같은 순위의 상속인이 된다(만약 1순위, 2순위의 상속인이 없다면 단독 상속인이 된다).

이런 과정을 거쳐 상속인이 정해지면 전체 유산에 대해 상속세를 계산한 후 나온 세금을 상속인별로 나누며 상속인이 신고 및 납부한다.

증여세와 상속세의 계산구조

증여세와 상속세의 계산구조는 기본적으로 유사하다. 세율도 같아서 한꺼번에 알아두는 것이 여러모로 좋다.

증여세	상속세	비고
증여 재산가액	상속 재산가액	동일
(−)비과세, 채무 등	(−)비과세, 채무 등	거의 유사
(−) 증여 재산 공제	(−)상속 재산 공제	구분 필요
=과세표준	=과세표준	−
×세율(10~50%)	×세율(10~50%)	동일
=산출 세액	=산출 세액	−
−신고 세액 공제	−신고 세액 공제	동일
=결정 세액	=결정 세액	−
+가산세	+가산세	동일
=납부할 세액	=납부할 세액	−

서로 계산구조가 거의 유사하며 여러 항목이 동일하게 적용된다. 하지만 증여 재산 공제(이하 '증여 공제')와 상속 재산 공제(이하 '상속 공제')가 다르므로 이 부분을 중심으로 차이점을 알아둔다.

증여 공제는 증여자에 따라 다양해진다

증여자가 누구이냐에 따라 증여 공제에 해당하는 금액이 달라진다.

구분	공제액	비고
배우자 → 배우자(부부간)	6억 원	부부간 각각 증여 가능
직계존속 → 직계비속(성인)	5천만 원	13년 12월 31일 이전에는 3천만 원
직계존속 → 직계비속(미성년)	2천만 원	13년 12월 31일 이전에는 1,500만 원
직계비속 → 직계존속	5천만 원	15년 12월 31일 이전에는 3천만 원
기타 친족 (6촌 이내 혈족, 4촌 이내 인척)	1천만 원	15년 12월 31일 이전에는 5백만 원

무엇보다 증여 공제의 경우 증여자별로 10년간 누적된 금액을 적용한다는 것이다. 증여하고 10년이 지나면 재차 증여가 가능하다. 사례를 통해 확인해보자.

- 부모 중 한 명으로부터 여러 번에 걸쳐 1,000만 원 이상 증여받은 자녀(성인)의 경우→10년 이내 증여받은 재산을 모두 더한 다음, 5,000만 원만 증여 공제가 된다. 참고로 아버지, 어머니가 각각 증여를 해줘도 5,000만 원만 공제가 된다. 부모는 한 사람으로 보기 때문이다.
- 아버지와 삼촌으로부터 1,000만 원 이상 재산을 증여받은 자녀(성인)의 경우→아버지에게 증여받은 증여 재산가액에서 5,000만 원을 공제하고, 삼촌에게 증여받은 증여 재산가

액에서 1,000만 원을 공제한다. 증여자가 모두 다른 사람이기 때문에 각각 계산한다.

상속 공제는 최소 5억 원을 받을 수 있다

상속 공제의 항목은 매우 다양하다. 기초 공제(2억 원), 자녀 공제(1인당 5,000만 원), 연로자 공제(65세 이상, 1인당 5,000만 원) 등 여러 가지가 있는데 일괄적으로 5억 원을 공제받을 수도 있다. '기초 공제+그 밖의 인적 공제'가 5억 원을 초과하지 않는다면 일괄 공제 5억 원을 받는 것이 낫다.

여기에 배우자 공제 5억 원을 추가해서 받을 수 있다. 즉, 일괄 공제 5억 원, 배우자 공제 5억 원, 총 10억 원을 공제받을 수 있는 것이다[자녀 등 다른 상속인이 없는 배우자 단독 상속의 경우에는 일괄 공제 5억 원을 적용받을 수 없으며, 기초 공제(2억 원)와 배우자 공제(5억 원)를 적용받아 7억 원을 공제한다].

상속세의 경우 피상속인의 유산 전체에 대해 상속세가 과세되므로 이를 적용하면 상속 공제 10억 원을 상속 재산가액 전체에서

공제받는다는 것을 알 수 있다. 지금까지의 내용을 정리하면 다음
과 같다.

증여 공제	상속 공제
• 배우자 공제: 6억 원 • 직계존비속: 5,000만 원 　(미성년자는 2,000만 원) • 기타 친족: 1,000만 원	• 배우자 공제: 5억 원 • 일괄 공제: 5억 원
계: 6억 6,000만 원	계: 10억 원

　이렇게 보면 공제 금액이 10억 원인 상속세가 더 나은 것으로
보인다. 하지만 모든 금액을 공제받았을 때가 이렇다는 것이며 계
산과정에서 또 다른 변수가 나올 수 있기 때문에 무조건 상속이
더 낫다고 단정 지을 수는 없다. 또한 상속은 상속인의 '사망'이라
는 사건이 반드시 일어나야 한다. 반면 증여의 경우 상속보다 상대
적으로 더 많은 세금을 내는 것 같아도 사전에 자녀 등에게 재산
형성의 기회를 줄 수 있다는 장점이 있으니 각자의 상황에 맞는
것을 택하자.

　다음은 증여세와 상속세의 과세표준 및 세율이다. 계산방식은
양도소득세의 경우처럼 과세표준이 정해지면 해당 구간의 세율을
곱한 다음, 누진공제액이 있는 경우에는 빼면 된다.

[증여세와 상속세의 과세표준 및 세율]

과세표준	세율	누진공제액
1억 원 이하	10%	0 원
1억 원 초과 ~ 5억 원 이하	20%	1,000만 원
5억 원 초과 ~ 10억 원 이하	30%	6,000만 원
10억 원 초과 ~ 30억 원 이하	40%	1억 6,000만 원
30억 원 초과	50%	4억 6,000만 원

제때 신고만 해도 절세가 가능하다

다른 세목(세금의 종류)과 달리 상속세와 증여세는 신고만 제때 해도 세금의 일부를 감면해주는 세액 공제가 적용된다. 상속세는 신고 납부 기한이 6개월, 증여세는 3개월로 정해져 있는데 이 기한 내에 신고 및 납부하면 납부할 세액에서 3%를 공제해주는 것이다.

하지만 다른 세목은 그러한 신고 세액 공제가 없으므로 형평성을 고려해 점차 줄인다는 것이 정부의 방침이다. 실제 이러한 신고 세액 공제는 계속 축소되었는데, 기존 10% 세액 공제율은 7%(17년)→5%(18년)→3%(19년 이후) 등 계속해서 줄어들었다. 이와 관련해서는 다른 세목과의 형평성도 있지만 그만큼 과세당국의 정부 수집 능력이 지속적으로 발달하고 있음을 방증하는 이유도 된다. 그러므로 '최선의 절세는 성실 납세'라는 것을 인지하고 제때, 제대로 신고 및 납부하는 것이 가장 좋은 절세임을 기억하자.

세테크에 도움이 되는
증여세와 상속세 절세 노하우

Q 솔직히 증여나 상속은 먼 나라, 남의 일로만 생각했는데 이제 보니 사전 증여를 하면 자녀들의 재산 형성에도 큰 도움이 되겠네요.

A 그렇습니다. 특히 자산가들은 일찌감치 이에 대해 고민하고 절세 계획을 세우거나 이미 실행하고 있습니다.

Q 하지만 저처럼 평범한 일반인이 증여와 상관이 있을까요? 일단 상속은 제가 사망해야 발생하는 것이니 생각하기도 싫네요.

A 하하, 그렇겠네요. 하지만 증여는 생각보다 주변에서 쉽게 접하는 경우가 많습니다. 그러므로 잘 활용하면 세테크에도 도움이 되겠죠? 주변에서 쉽게 접하는 사례를 바탕으로 증여세와 상속세에 대해 알아두면 나중에 부동산 투자할 때 필요한 세금 지식이 될 수 있습니다.

증여세 절세를 위해서 결혼식 방명록은 필수다?

결혼식처럼 집안 행사 때 받는 축하금 등 사회 통념상 필요하다고 인정되는 금품에는 증여세가 적용되지 않는다. 부모가 자신 명의로 받은 축의금은 증여세 과세 대상이 아니다. 그런데 이렇게 받은 축의금을 자녀에게 주면 별도 증여에 해당하기 때문에 일정 금액을 넘어설 경우 증여세가 부과될 수 있다. 그렇다면 이때는 어떻게 해야 할까? 해당 축의금이 실제 결혼 당사자인 자녀에게 귀속되는 축의금으로 입증할 수 있는 방명록이 있다면 증여세가 과세되지 않는다.

부모가 결혼하는 자녀에게 보통 필요하다고 인정되는 혼수용품을 사주는 것은 괜찮지만 일상생활에 필요한 가사용품만 해당한다. 사치용품이나 주택, 차량, 전세 자금 등은 증여세 과세 대상이니 주의한다.

가족 간에도 자금 대여가 가능할까?

최근 들어 가족 간에도 자금 대여가 가능한지에 대한 문의가 많다. 결론부터 말하자면, 가능은 하다. 하지만 여기에는 2가지 조건이 붙는다. 차용증이나 이자 지급 내역과 같은 증빙이 있어야 하며, 적정 이자율에 따라 이자를 내야 한다는 조건이다.

증빙은 차용증을 작성하고 매월 인터넷 뱅킹 등을 통해 이자 지급을 해서 이체 내역을 남기면 된다. 금액이 크다면 공증을 받는 것도 확실한 방법이다.

사실 이 '적정 이자율'이 문제다. 현행 상속 및 증여세법에는 적정 이자율로 연(年) 4.6%를 제시하고 있다. 즉, 최소한 4.6%는 받아야 한다는 것이다.

가족 간 차입의 경우, 무조건 해당 세율을 곱하는 것은 아니다. '차입금×4.6%'의 금액(①)과 실제 돈을 빌린 가족이 지급한 이자(②)를 비교한다. ①에서 ②를 뺀 금액이 1,000만 원 이상이 되어야 한다.

예를 들어 3억 원을 빌려주고 연간 이자를 1.5%로 해서 받았다고 해보자. ①의 금액은 1,380만 원(3억 원×4.6%)이고 ②의 금액은 450만 원(3억 원×1.5%)이다. ①에서 ②를 빼면 930만 원인데 1,000만 원 미만이므로 증여세는 발생하지 않는다. 따라서 적정한 증빙을 갖추고 적정 이자율에 따라 이자를 지급해야 가족 간 자금 대여 관련해서 증여세를 내지 않거나 줄일 수 있다.

특히 최근 서울 강남을 중심으로 고가 주택에 대한 자금 차입에 대해 과세당국은 예의주시하고 있다. 기존에는 투기과열지구 6억 원 이상 주택에 대해서만 자금조달계획서를 제출했는데 앞으로는 전국 6억 원 이상 주택 구입 시 모두 제출하는 것으로 확대되었다. 그리고 서울 등 투기과열지구에서 9억 원 초과 주택을 구입할 때 자금조달계획서는 물론이고 제출해야 할 증빙 자료도 대폭 늘어났다. 이때 가족 간 차입이라고 했으면서 실제로 이자를 지급하지 않거나 별도의 증빙(금전소비대차계약서 등)이 없는 경우 증여세가 부과될 수 있으니 이상의 내용을 잘 숙지해야 할 것이다.

막 태어난 자녀 명의로 계좌를 개설했다면?

미성년자인 직계비속의 경우 10년 동안 2,000만 원까지는 증여가 가능하다. 적극적으로 사전 증여를 하는 사람 중에서는 자녀가 태어나자마자 자녀 명의로 계좌를 만들어 돈을 넣어주기도 한다. 그런데 이 경우에 반드시 증여 신고를 해야 할까?

결론은 신고하는 것이 유리하다. 그렇지 않으면 해당 예금을 자녀의 것으로 보지 않기 때문에 향후 자녀가 인출할 때 증여세가 과세될 수 있다. 비록 증여 공제의 금액에 해당되어도 신고해서 반드시 근거를 남겨두는 것이 현명하다.

자녀에게 증여할 때는 증여세까지 계획한다

현행 증여세의 납부 의무자는 증여를 받은 자, 즉 수증자이다. 보통 자녀는 부모에 비해 소득이 많지 않아서 증여를 받아도 증여세를 내기 힘들다. 그래서 그 증여세를 부모가 대신 납부하는 경우가 많다. 이 경우 부모가 대신 납부한 금액에 대해 또 다른 증여세가 과세된다(사후 증여세를 추징당할 수 있으므로 가산세까지 붙기도 한다).

이러한 이유 때문에 자녀에게 증여를 한다면 증여세까지 미리 계획해놓는다. 증여세 상당액만큼의 현금을 더해서 증여하고 신고까지 하면 깔끔하게 마무리할 수 있다.

만일 자녀에게 부동산이나 주식을 증여해서 증여세가 발생했는데 자녀가 소득이 없다면? 증여받은 부동산이나 주식을 매각해서 현금화한 후 증여세를 납부한다.

일반적으로 상속세는 크게 걱정하지 않아도 된다

부모가 사망하면 많든, 적든 재산을 물려받게 된다. 이때 세금이 얼마나 나올지에 대해 궁금할 것이다. 하지만 특별한 경우가 아니라면 크게 걱정하지 않아도 된다. 과세당국에서는 상속세에 대한 불안감을 덜어주고 상속받은 사람의 생활 안정을 위해 정해놓은 상속 공제가 있기 때문이다. 이 상속 공제의 금액이 꽤 크기 때문에 어지간한 경우가 아니라면 일반적으로는 상속세가 부과되지 않는다.

부모 중 한 분이 사망한 경우에는 최소 10억 원을 공제해주며 한 분만 살아 계시다 사망해도 최소 5억 원은 공제된다. 여기에 부담해야 할 채무가 있다면 이 역시 공제되므로 상속세에 대한 부담은 더욱 줄어든다. 결론적으로 배우자(사망한 분의 배우자)가 있다면 10억 원, 배우자가 없다면 5억 원까지는 상속 재산을 물려받아도 괜찮다.

상속 포기가 더 낫다?

상속 공제제도 덕분에 보통 상속세에 대해 크게 염려하지 않아도 되는 것이 사실이지만 꼼꼼히 따져야 하는 경우가 발생하기도 한다. 우리 법은 상속이 개시되면 피상속인(사망한 자)의 재산상 모든 권리와 의무가 상속인에게 승계되도록 하는데 상속인의 의지와는 상관없이 이뤄진다.

문제는 상속 재산보다 부채가 훨씬 많은 경우다. 당연히 상속세는 내지 않아도 되지만 이를 떠안은 상속인은 갑작스런 채무를 부담할 수도 있다. 다행히 민법에서는 상속 포기와 관련한 제도를 둬서 상속인을 보호하고 있다.

우선 '상속 포기제도'가 있다. 상속을 포기하려는 상속인은 상속 개시가 있음을 안 날로부터 3개월 이내에 상속 개시지의 가정법원에 상속 포기 신고를 해야 한다. 공동 상속이라면 각 상속인은 단독으로 상속을 포기할 수 있다. 처음부터 상속인이 아니라고 인정받을 수 있는 것이다. 따라서 상속으로 인해 지나치게 많은 부채를 떠안아야 한다면 3개월 이내에 해당 가정법원에 문의하여 상속 포기 신고를 하자.

다음으로 '한정 승인제도'가 있다. 물려받은 재산 중에 채무가 많으면 상속 포기를 하면 되지만 불분명한 경우가 있다. 이때 상속으로 인해 취득할 재산의 한도 내에서만 채무를 변제할 것을 조건으로 상속할 수 있는데, 이를 '한정 승인'이라고 한다. 이 역시 상속 개시가 있음을 안 날로부터 3개월 이내에 상속 개시지의 가정법원에 한정 승인 신고를 하면 된다. 상속 재산의 목록을 첨부해야 한다.

상속 재산의 목록은 '안심 상속 원스톱 서비스'를 참고하면 편리하다(인터넷에서 검색하면 해당 사이트가 나온다). 사망 신고 시 가까운 시청이나 구청, 주민센터 등을 방문해 신청한다. 사망 신고 이후라면 사망일이 속한 달의 말일부터 6개월 이내에 신청이 가능하다.

투자자가 알아야 하는
증여세와 상속세 절세 노하우

Q 상속세보다는 증여세를 좀 더 신경 쓰는 것이 좋겠습니다.

A 하하, 그럴 수 있죠. 요즘은 사전 증여를 하려는 사람이 많아지고 있습니다.

Q 그렇다면 부동산 투자를 할 때 알아둬야 하는 증여세와 상속세의 절세 노하우는 무엇이 있을까요?

A 유리한 시기 등을 놓치지 않는 부지런함이 필요합니다.

평가는 시가가 원칙

부동산 등 재산을 증여나 상속으로 받을 때 얼마로 평가되느냐에 따라 납부해야 할 세금이 결정된다. 세법에서는 '증여세 또는 상속세가 부과되는 재산의 가액은 상속 개시일 또는 증여일 현재의 시가에 따른다'라고 규정하고 있다.

여기에서 말하는 '시가'란 불특정 다수인 사이에서 자유롭게 거래가 이뤄지는 경우에 통상적으로 성립하는 가액을 말한다. '시가'에는 실제 매매가액은 물론 감정·수용·경매가액도 포함된다. 하지만 시가를 산정하기 어려운 경우가 있으면 다음 표처럼 재산 종류별로 평가한다.

구분	평가방법
토지	부동산 공시 가격 알리미(www.realtyprice.kr)→개별 공시 지가
주택	부동산 공시 가격 알리미(www.realtyprice.kr)→개별 단독주택 공시 가격 (또는) 공동 주택 공시 가격
오피스텔 및 상업용 건물	시가로 하되 고시된 가격이 없으면 일반 건물 평가 방법으로 산정. 국세청 홈택스(www.hometax.go.kr)→조회/발급→('기타 조회'의) 기준 시가 조회→상업용 건물/오피스텔
일반 건물	국세청장이 고시하는 건물 기준 시가의 산정방법에 따라 평가. 국세청 홈택스(www.hometax.go.kr)→조회/발급→('기타 조회'의) 기준 시가 조회→건물 기준 시가(양도) (또는) 건물 기준 시가(상속, 증여)

생전에는 월세 선호, 사망 후에는 전세 선호?

우스갯소리로 '조물주 위에 건물주'라는 말이 있다. 그만큼 똘똘한 수익형 건물 한 채에서 꾸준하게 월세받기를 모두 원하기 때문이다. 그런데 이러한 건물을 나중에 자녀 등에게 상속할 때에는 월세보다는 전세 또는 월세를 줄이고 보증금을 높이는 것이 더 유리하다.

임대 중인 부동산의 경우 임대 계약이 만료되면 해당 보증금을 반환해야 한다. 그래서 임대 중인 부동산을 상속받을 경우 상속세 및 증여세법에서는 이 보증금을 부채로 보고 상속 재산가액에서 공제해준다. 그 결과, 상속세가 줄어들 수 있다. 평소에는 월세를 받는 것이 좋지만 상속과 관련해서는 보증금 높은 것이 세 부담 측면에서는 유리한 것이다.

물론 주의할 점이 있다. 상속 개시 1~2년 전에 체결한 임대차 계약의 경우에 임대 보증금의 합계액이 1년 내 2억 원 이상이거나 2년 이내에 5억 원 이상이라면 그 사용처를 소명해야 한다. 따라서 2년 이내 임대 보증금을 채무로 신고할 때에는 이에 대한 증빙을 확실하게 하도록 하자.

부동산 시장 분위기에 따라 유리한 증여 시기가 따로 있다?

증여 및 상속 재산의 평가는 시가가 원칙이지만 산정하기 어려운 경우도 있다. 재산 종류에 따라 별도 가액을 평가하는데 토지는 개별 공시 지가, 주택은 개별(공동) 주택 가격, 주택 이외의 건물은 국세청 기준 시가로 평가하고 증여세를 계산한다. 이때 개별 공시 지가 등 3가지 가격은 1년에 한 번씩 고시하기 때문에 시기에 따라서는 또 하나의 절세 노하우가 될 수 있다. 증여하는 시점에 개별 공시 지가 등이 새로 고시되었는지 여부를 확인하는 것이다.

올해 개별 공시 지가 등이 고시되었으면 올해의 것으로, 아직 고시되지 않았다면 기존(작년) 개별 공시 지가 등을 적용해야 한다. 같은 부동산을 증여해도 고시 여부에 따라 적용되는 가격이 달라지면서 세금까지 달라질 수 있다.

그렇다면 어떻게 하는 것이 유리할까? 최근 2~3년 서울을 포함한 수도권의 부동산 시장은 매우 뜨거웠다. 당연히 가격 상승이 다른 지역보다 높았다. 개별 공시 지가 등은 시세 대비 60~70% 정도이다. 시세가 이미 올랐으니 향후 고시되는 개별 공시 지가 등도 역시 올라갈 것이다. 이처럼 상승하는 시장에서는 개별 공시 지가 등이 결정되기 전에 증여하는 것이 상대적으로 유리하다. 반대로 하락하는 시장에서는 시간을 되도록 늦추면서 증여하는 것이 유리하다. 참고로 개별 공시 지가는 매년 5월 말, 개별(공동) 주택 가격은 매년 4월 말, 오피스텔 및 상업용 건물(국세청 기준 시가)은 매년 12월 말에 고시한다.

부모와 자식 간에도 부동산 거래가 가능할까?

현행 세법에서는 특수관계자 간의 부동산 매매 거래는 일단 증여로 '추정'한다('추정'은 그럴 가능성이 매우 높은 것으로 보지만 만일 반대되는 명백한 사실이 있다면 예외로 인정한다는 의미다. 이와 반대되는 말로 '간주'가 있는데 무조건 그렇게 보겠다는 의미다).

세법상 특수관계자를 간략히 살펴보면, 자신의 친·인척, 사용인

(기업과의 근로 계약에 따라 근로를 제공하고 그 대가를 받는 종업원) 또는 임원, 본인이 지배하는 법인과 그 법인이 지배하는 법인이다. 법 조문에서는 훨씬 복잡하지만 단순하게 정리한 것이 이 정도다. 그래도 복잡하다고 생각되면 나와 매우 친하거나 동일시될 수 있는 누군가로 알아두자. 그러한 특수관계자 중에 대표적인 관계가 바로 부모와 자식 사이다.

그렇다면 부모와 자식 간에 부동산 매매 거래를 할 수 있을까? 결론부터 말하자면 불가능하지는 않다. 하지만 다음 2가지를 반드시 유의해야 한다.

첫째, 반드시 대가를 지급받아야 하며 관련한 증빙을 남겨둬야 한다. 일반 매매와 동일하게 부모와 자식 간이라도 계약서 작성은 물론이고 해당 금액을 실제 주고받아야 한다. 혹시 모를 상황에 대비하여 인터넷 뱅킹 등으로 근거를 남겨놓는다. 실제 돈을 주고받더라도 매매가액으로 받은 금액을 매수자에게 다시 돌려주면 그 경우에도 증여로 볼 수 있으니 주의한다(통상 3년 이내).

둘째, 해당 부동산의 시가보다 지나치게 높거나 낮게 거래하면 어느 한 편이 손해를 보고 반대편은 이득을 봤다는 것이 되므로 증여세가 부과될 수 있다는 점이다. 시가보다 더 큰 금액을 지급한 경우에는 그 차액에서 시가의 30% 또는 3억 원 중 적은 금액을 차감하여 증여세를 과세할 수 있다. 이러한 경우에는 계산도 복잡하고 적용도 어렵기 때문에 특수관계자의 거래(부모와 자식 간 거래

등)에 있어서는 통상적으로 거래되는 시가에서 지나치게 가격 차이가 나서는 안 되는데 그 기준이 시가의 30% 또는 3억 원이라고 기억해두자.

다만, 상속 및 증여 재산 평가 시 2020년부터는 비주거용 건물과 나대지의 경우 감정 평가가 가능해졌다. 즉, 2019년 2월 상속세 및 증여세법 시행령 개정으로 인해 해당 자산의 평가 기간이 상속세는 신고 기한일로부터 9개월, 그리고 증여세는 신고 기한일로부터 6개월이 더 확장된 것이다. 해당 기간 동안 국세청에서 감정 평가 등으로 재산가액을 변동시킬 수도 있게 된 것이다. 이러한 경우에 해당된다면 세무 전문가를 찾아가 상담을 의뢰해본다.

자금 출처조사에 대비하자

Q 과세당국에서 부동산 사는 비용에 대한 파악을 강화한다고 합니다.

A 부동산은 일반적으로 취득가액이 큽니다. 그런데 소득 수준이 별로 높지 않은 미성년자 등이 한두 푼도 아닌 부동산을 샀다면 거의 대부분 부모의 자금 지원이 있는 것입니다. 이에 대해 증여세나 상속세를 내지 않으면 조세 정의 실현이라는 측면과도 맞지 않아서 비용 파악을 강화한 것입니다. 간혹 이런 자금 지원도 증여인데 신고하지 않는 바람에 추가로 세금을 내는 경우도 있습니다.

Q 아, 그렇겠네요. 하지만 몰라서 그런 것 아닐까요?

A 물론 그럴 수도 있습니다. 하지만 몰랐다고 해도 추가 세금은 내야 합니다. 그래서 부동산을 살 때에는 '자금 출처조사'에 대비해야 합니다.

'자금 출처조사'란, 재산을 취득하거나 부채를 상환할 때 당사자의 직업, 나이, 소득 수준 등을 고려해서 보니 자력으로 한 것이 아니라고 판단되면 해당 자금이 어디에서 나왔는지를 과세당국이 확인하는 행위다. 이 경우에 당사자는 과세당국의 조사에 성실히 임해야 하며 출처를 제시하지 못하면 증여세가 징수될 수 있다.

재산 취득에 대한 자금 출처 해명 안내문을 받으면 당사자는 해명자료를 최대한 구비해서 제출해야 하는데 이때 인정되는 대표적인 항목과 서류는 다음과 같다.

구분	자금 출처로 인정되는 금액	증빙서류
근로소득	총급여액 - 원천징수세액	원천징수영수증
원천징수소득 (이자, 배당, 기타소득 포함)	총지급액 - 원천징수세액	원천징수영수증
사업소득	소득금액 - 소득세 상당액	소득세신고서 사본
차입금	차입금액	부채 증명서
임대보증금	보증금 또는 전세금	임대차 계약서 사본
보유 재산 처분액	처분가액 - 양도소득세 등	매매 계약서 사본
현금, 예금 수증	증여 재산가액	통장 사본

• 출처: 《2017 세금 절약 가이드 2》(국세청)

날로 진화하는 국세청 전산망

최근 국세청 전산망이 더욱 발전하면서 개인의 재산 내역은 물론이고 변동 금액까지 파악이 쉬워졌다. 그만큼 증여세 탈루 가능성은 낮아지고 있다. 자금 출처조사에 대해 제대로 소명하지 못하면 당초 내야 하는 증여세에 가산세까지 붙는 경우가 많으므로 원칙대로 하는 것이 유리하다. 증여세 및 상속세에는 '신고 세액 공제'가 별도로 있는데 이 공제액이 점점 낮아지고 있다. 증여세 및 상속세의 납부 의무자가 신고를 하지 않아도 놓치는 경우가 별로 없을 것이라는 과세당국의 자신감으로 생각한다.

다음과 같은 사례도 있다. A는 3년 전에 자녀 B에게 전세 자금을 지원해줬다. 주택 구입 자금은 간혹 자금 출처조사가 나온 것을 봤지만 전세 자금은 괜찮을 것이라고 생각했다. 1년 정도 지난 뒤, 또 다른 자녀 C에게 전세 자금을 지원해줬다. 그런데 최근에 이와 관련된 자금 출처 소명을 받게 되었고, 그에 따라 증여세를 물게 되었다. 당연히 두 자녀에게 지원해준 금액이 합산되었으며 무신고 가산세까지 더해져 예상치 못한 세금을 냈다.

부동산 취득에만 국한하지 않는다

자금 출처조사가 광범위하게 이뤄지고 있다는 점도 유의해야 한다. 2006년 이전만 해도 자금 출처조사는 부동산에 한정되었지만 2007년에 보험, 2010년에 예·적금 및 주식까지 추가되었다. 2011년에는 해외로 송금된 자금 및 해외계좌 신고가 의무화되었으며 2013년부터는 전세금 같은 임대자금도 그 대상이 되었다. 채무 변제는 물론, 자동차 구입과 창업 자금도 조사 대상이기 때문에 사전 준비를 하거나 불필요한 오해를 받을 행동은 하지 않는다.

자금 출처조사도 대비할 수 있다

자금 출처조사가 이렇게 광범위하게 이뤄지고 있지만 무작정 두려워하거나 오해할 필요는 없다. 제도의 취지와 어떻게 적용되는지를 명확하게 안다면 합법적인 테두리 내에서 대비할 수 있다.

국세청이 무조건 자금 출처를 조사하는 것은 아니다. 세대주인지, 나이는 어떤지 등 대상자의 상황을 종합적으로 고려해서 자금 출처를 조사할 정도의 금액이 아니라고 판단되면 하지 않는다. 그 판단은 '자금 출처조사 배제 기준'이다.

〔자금 출처조사 배제 기준〕

구분		취득 재산		채무 상환	총액 한도
		주택	기타 재산		
세대주인 경우	30세 이상	2억 원	5,000만 원	5,000만 원	2억 5,000만 원
	40세 이상	4억 원	1억 원		5억 원
세대주가 아닌 경우	30세 이상	1억 원	5,000만 원	5,000만 원	1억 5,000만 원
	40세 이상	2억 원	1억 원		3억 원
30세 미만인 경우		5,000만 원	3,000만 원	3,000만 원	8,000만 원

예를 들어, 40세 이상의 세대주가 아파트를 취득할 경우 4억 원까지는 자금 출처조사를 하지 않는다. 아예 배제한다는 말이다. 만일 채무를 변제한다면 나이 등에 따라 3,000만 원에서 5,000만 원까지 추가로 적용된다.

전세를 끼고 집 사는 투자를 '갭(Gap) 투자'라고 한다. 최근 서울을 포함한 수도권을 중심으로 전세가가 급등하면서 매매가와 전세가 간의 차이, 즉 갭(Gap)이 많이 줄면서 생긴 투자법이다. 이 투자법으로 자녀에게 집을 사주는 사람도 많아졌는데 문제는 없는 걸까?

가격이 3억 원이고 전세가가 2억 5,000만 원으로 형성된 주택의 경우 5,000만 원만 있으면 전세를 끼고 살 수 있다. 전세 보증금은 채무로 보기 때문에 순수하게 투자된 5,000만 원에 대해서만 증여 대상으로 볼 수 있다. 따라서 5,000만 원에 대해서만 증여세를 신고하고 납부하면 이론상으로는 크게 문제가 되지 않는다.

하지만 주의해야 할 것이 있다. 앞에서 살펴본 증여 공제액을 토대로 매매가와 전세가 간의 차액이 5,000만 원인 집을 자녀 단독 명의로 사주는데 이후 부동산 시장의 변화에 따라 위험해질 수 있다. 세입자가 집을 나가는 시점에 전세가가 하락해서 새 세입자가 그보다 낮은 전세로 들어오면 어떻게 될까? 새 세입자의 전세금을 받아서 나가는 세입자에게 주려는 계획이 어긋나고 전세 보증금의 일부는 내 돈으로 내줘야 한다. 만일 자녀에게 경제적 능력이 없으면 부모가 줘야 하는데 이때 증여세가 부과된다. 즉, 이런 방식의 증여는 집값이 계속 상승할 경우에 효과적이다. 하지만 부동산 시장의 변화를 예측하기는 어렵다. 증여세를 피하면서 자녀에게 증여하고 싶다면 차라리 공동명의를 하거나 자녀가 경제적 능력을 갖췄을 때 시작하는 것이 좋다.

증여보다
부담부증여가 좋을까?

Q 부채를 상환할 때에도 증여세를 신경 써야 하는지 몰랐습니다. 정말 광범위하게 적용이 되니 주의해야겠네요.

A 그렇습니다. 특히 전산망의 발달로 이러한 재산 변동은 훨씬 더 정교하게 파악이 가능하니 유의하셔야 합니다.

Q 네, 정말 그래야겠습니다. 최근에 한 지인이 아파트를 자녀에게 증여할 때 '부담부증여'로 하면 세금이 줄어든다고 하던데 맞나요?

A 대부분은 말씀하신 게 맞습니다. 일반 증여보다는 부담부증여가 더 유리합니다. 그래도 유의할 점이 있습니다.

'부담부증여(負擔附贈與)'란, 부동산 등을 증여할 때 대출금이나 보증금 같은 부채까지 함께 물려주는 것을 말한다. 부채에 대해서는 양도소득세가 과세되고 전체 재산에서 부채를 제외한 순수 자산에 대해서는 증여세가 부과된다. 이 부담부증여를 이해하려면 왜 부채에는 양도소득세가 부과되는지, 어떻게 계산되어 세 부담이 줄어드는지에 대해 알 필요가 있다.

부채가 '유상'으로 이전되었다고 본다

양도소득세를 다룬 3장에서 특정 자산을 '유상'으로 이전해야 양도소득세가 과세된다고 말했다. 부담부증여 시 해당 대출이나 보증금과 같은 부채는 증여를 받는 자, 즉 수증자가 실제 자기 돈이나 대출을 받아 떠안았다고 보기 때문에 이에 대해 양도소득세가 부과되는 것이다.

3억 원짜리 아파트에 전세 보증금이 2억 원이 있다고 해보자. 이 아파트를 자녀에게 부담부증여방식으로 넘기면 자녀가 2억 원의 전세 보증금에 대해 자기 돈(또는 대출 활용)으로 증여자에게 지급한 것으로 본다. '유상' 거래로 봐서 양도소득세가 과세되는데 차액 1억 원(3억 원—2억 원)을 순수 증여로 보고 증여세가 과세되는 것이 부담부증여라고 이해하자.

증여부분, 양도부분으로 나눠서 계산한다

다음 사례를 통해 부담부증여가 증여세보다 유리한지 알아보자.

아버지가 2018년 1월 1일에 3억 원을 주고 산 아파트를 2년 후인 2020년 1월 1일에 아들(미성년자 아님)에게 증여했다. 증여 당시 시가는 5억 원이고 전세 보증금은 4억 원이었다(편의상 양도소득세 계산 시 필요 경비는 없다고 가정한다). 일반적인 증여라면 다음과 같은 결과가 나온다.

구분	증여세
증여 재산가액	5억 원
채무액	-
증여세 과세가액	5억 원
증여 재산 공제	5,000만 원(직계존비속 간, 미성년자 아님)
증여세 과세표준	4억 5,000만 원
세율	20%(누진공제 1,000만 원)
산출 세액	8,000만 원
신고 세액 공제	240만 원(3%)
납부할 세액	7,760만 원

순서대로 따라가면 계산이 된다. 결론적으로 아파트를 아들에게 증여할 경우 증여세는 7,760만 원이 나온다. 이번에는 부담부증여일 때를 살펴보자. 192쪽 표에 정리했다.

일반적인 증여세를 구하는 위의 표와 달라진 점이 있다면 전체 증여 재산가액에서 채무액, 즉 전세 보증금 4억 원을 제외한 나머지 1억 원에 대해 증여세를 구하는 것이다. 그렇게 해서 485만 원이 나왔다.

이번에는 양도소득세다. 전세 보증금 4억 원이 일종의 채무이

구분	증여세	구분	양도소득세
증여 재산가액	5억 원	양도가액	4억 원
채무액	4억 원	취득가액	2억 4,000만 원
증여세 과세가액	1억 원	양도 차익	1억 6,000만 원
증여 재산 공제	5,000만 원	기본 공제	250만 원
증여세 과세표준	5,000만 원	과세표준	1억 5,750만 원
세율	10%	세율	38%
누진공제액	0원	누진공제액	1,940만 원
산출 세액	500만 원	산출 세액	4,045만 원
신고 세액 공제	15만 원(3%)	-	-
납부할 세액	485만 원	-	-
납부할 세액 총계: 4,530만 원(증여세+양도소득세)			

기 때문에 아들이 본인 소득이나 대출 등으로 직접 주고 산 것으로 보므로 양도소득세를 납부해야 한다. 아버지가 아들에게 넘긴 전세 보증금이 4억 원이기 때문에 양도가액은 4억 원이며, 취득가액은 2억 4,000만 원이다. 취득가액은 현재 집값에서 전세 보증금이 차지하는 비율을 곱해서 구한다[3억 원(취득가액)×(4억 원÷5억 원)]. 나머지는 일반적인 양도소득세 계산법과 동일하다. 아버지가 2년만 보유하다 아들에게 증여한 것이므로 보유 기간은 2년이며 적용되는 장기 보유 특별 공제는 없다. 필요 경비는 편의상 없다고 가정했으므로 기본 공제만 적용하고 양도소득세를 계산하면 4,045만 원이 나온다.

이제 191쪽 표와 비교해보자. 일반적인 증여로 하면 7,760만 원의 세금을, 부담부증여로 하면 4,530만 원(485만 원+4,045만 원)의 세금을 내야 한다. 3,230만 원이나 줄어든다.

어떻게 이런 결과가 나오게 되었을까? 일반적인 증여에서는 5억 원 전체에 대해 증여세가 부과되지만 부담부증여에서는 4억 원에 대해 양도소득세가 적용되기 때문이다. 전체 금액이 아닌 일부 금액 (1억 5,750만 원)이 양도세 과세표준으로 잡히면서 금액이 줄어든 것이다.

부담부증여가 무조건 좋은 것은 아니다

무조건 부담부증여를 해야만 할 것 같지만 당연히 유의할 점이 있다. 190쪽의 사례를 다시 보자. 아들은 아파트를 증여받으면서 전세 보증금 2억 원에 대한 책임을 져야 한다. 계속 전세금이 상승하거나 집값이 오르면 문제가 없겠지만 반대의 상황이 펼쳐진다면 아들이 해결해야 한다. 만약 부모에게 금전적인 지원을 받으면 이에 대해서는 증여세가 발생할 수 있다. 자녀가 미성년자이거나 특별한 소득이 없다면 더욱 골치가 아파진다.

대출을 통해 아파트를 증여받은 것이라면 대출 이자도 같이 고려해야 한다. 2억 원이 전세 보증금이 아니고 대출금이라고 해보자. 몇 년 동안 계속 대출 이자를 내면 부담부증여를 통해 절감했던 세금보다 더 많아질 수 있다. 이런 상황이 예상되면 차라리 일반 증여가 낫다. 이때도 부모가 이자를 지원해주거나 대출금 상환을 대신 해주면 역시 증여세가 부과될 수 있다. 실제로 국세청에서는 부담부증여 시 수증자가 인수한 채무에 대한 사후 관리를 매년 1회 이상 하고 있다.

부담부증여가 절세 측면에서 유리하다며 허위로 채무를 만드는 경우도 있는데(전세 계약서 허위 작성 등) 당연히 인정도 안 되고 과세당국에 적발되면 고의적인 세금 누락으로 보여 신고 불성실 가산세가 40% 부과된다. 탈루한 세액이 크면 조세범처벌법에 의해 고발까지 당할 수도 있다.

또 하나, 부담부증여의 경우 증여세와 양도세가 부과되는데 이때 양도세는 일반적인 주택을 양도할 때의 양도세 논리가 그대로 적용된다. 만약 조정대상지역에 있는 주택을 부담부증여로 할 때 양도세 중과가 된다면 오히려 부담부증여를 하지 않는 것이 더 나을 정도로 세 부담에 있어 생각지 못한 부담이 발생할 수 있다. 따라서 조정대상지역 내에서 다주택자 상태라면 반드시 사전에 세무사 등 전문가와 세무 상담을 한 후 부담부증여를 진행해야 한다. 참고로 2020년 6월 말까지 정부는 10년 이상 보유한 주택에 대해서 양도세 중과를 한시적으로 유예해줬기 때문에 이를 잘 활용하는 것도 꽤 괜찮은 절세 전략이 될 수 있다.

5장

나도 부동산
사업자

정부의 지속적인 '임대 주택 등록 활성화 방안' 및 각종 세
부담 등으로 이제는 부동산 투자를 하려면 주택 임대사업
자 등록을 한번은 생각해야 한다.
이번 장에서는 주택 임대사업자에 대해 알아본다. 또한 주
택 매매사업자와는 어떻게 다른지 구체적으로 비교해본
다. 앞에서 살펴본 양도소득세의 절세와 연결되니 잘 살펴
보자.

주택 임대사업자와
주택 매매사업자

인간의 삶에 가장 중요한 3가지가 바로 '의(衣)', '식(食)', '주(住)'
인데 그중에서 가장 가격도 높고 고려할 사항이 많아 복잡한 것이
'주'이다. 그래서 특별한 존재라고 여긴다. 이런 물건을 다소 어려
운 말로 경영학에서는 '고관여제품'이라고 하는데 굳이 그런 어려
운 단어가 아니더라도 집을 사기 위해서는 수없이 고민하는 사람
을 주변에서 쉽게 만날 수 있다.

그래서인지 모르겠지만 주택을 구매할 수 있는 자금이 부족한
사람은 물론이고 구매력이 있는 사람조차 주택을 임차하기도 한
다. 임차의 형태로는 우리나라에만 있는 독특한 전세와 월세가 있
다. 그렇다면 이 전·월세를 누가 공급하는 것일까? 바로 주택 임
대사업자다.

국토교통부 자료에 따르면 2012년 4만 5,000여 명이었던 주택

임대사업자는 2020년 5월 현재, 51만 1,000명이 넘은 것으로 나타났다. 이 사업자들이 임대하는 주택 수는 역시 2020년 5월 기준으로 총 156.9만 호인데 1인당 약 3.07채, 즉 3채 정도를 임대하고 있다.

정부가 적극적인 세제 혜택을 통해 등록을 유도하는 영향과 각종 규제에도 불구하고 임대 주택 등록을 하면 받을 수 있는 혜택이 있기에 앞으로도 주택 임대사업자 수는 지속해서 늘 것으로 예상한다. 다만, 해당 주택의 임대 주택 등록일 혹은 취득일은 물론, 전용 면적, 등록 당시 기준 시가 등 다양한 요소에 의해 혜택이 달라지므로 만약 주택을 통해 사업(임대, 매매)할 계획이 있다면 반드시 이와 관련된 세제 혜택은 물론이고 등록 절차, 유의사항 등을 명확하게 파악할 필요가 있다.

주택 관련 사업은 크게 임대와 매매로 나뉜다

'임대사업'은 '일반 임대'와 '주택 임대'로 나뉜다. 일반 임대는 주변에서 보는 상가 임대라고 생각하면 된다. 상가 임대사업의 경우 무조건 과세가 되므로 소득 금액이 얼마든지 간에 반드시 사업자등록을 해야 한다. 반면 주택 임대사업은 기본적으로 면세사업이기 때문에 반드시 등록해야 하는 것은 아니다. 하지만 정부는 2019년부터 발생한 주택 임대소득에 대해서는 수입 금액이 2,000

〔임대사업의 종류〕

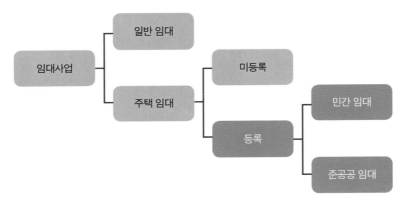

만 원 이하라고 해도 비과세가 아닌 전면 과세를 시행하였으며 동시에 소득세법상 사업자 등록을 의무로 변경했다. 이에 대해서는 뒤에서 추가로 설명하겠다.

주택 임대는 미등록한 경우와 등록한 경우로 나뉘는데 현실적으로 미등록된 주택 임대사업이 훨씬 많다(전체 주택 임대를 100으로 봤을 때, 미등록한 경우를 80 이상으로 보고 있다). 주택의 경우 일정 소득까지는 비과세, 부가가치세는 면세이기 때문에 소규모라면 특별히 문제가 되지 않지만 과세당국 입장에서는 어느 정도 이상으로 소득이 발생해도 세원 노출이 되지 않아 문제로 볼 수 있다. 그래서 정부는 다양한 인센티브 또는 규제책으로 주택 임대사업자 등록을 유도하고 있다.

주택 임대사업자는 크게 민간 임대와 준공공 임대로 나뉜다

그렇다면 주택 임대사업자의 종류는 어떻게 될까? 의무 임대 기간에 따라 크게 민간 단기 임대(최소 4년 이상 의무 임대), 준공공 장기 임대(최소 8년 이상 의무 임대, 현재 장기 일반 민간 임대)로 나뉜다. 현장에서는 이를 줄여 '민간 임대(또는 단기 임대)'와 '준공공 임대(또는 장기 임대)' 등으로도 부른다.

만일 주택 임대사업자 등록을 결정했다면 반드시 이 종류를 재차 확인한 다음, 진행해야 한다(준공공은 현재는 '장기 일반 민간 임대 주택'으로 명칭이 바뀌었다. 다만, 기존에 등록한 경우도 많이 있고, 세법에서 말하는 '장기 임대 주택'과 혼동될 우려가 있어서 이 책에서는 장기 일반 민간 임대 주택을 '준공공'으로 표현하기로 한다).

민간 임대와 준공공 임대 간의 차이에는 단순히 의무 임대 기간의 차이만 있는 것이 아니다. 세제 혜택에서도 차이가 나는데 취득단계, 보유단계, 양도단계에 따라 각각 다르다.

'왜 차이가 있을까?'라고 의문이 들 수도 있다. 제도 취지가 다르고 의무 임대 기간이 각각 4년, 8년으로 다르기 때문에 정책상 차이를 두는 것이다. 물론 의무 임대 기간이 8년으로 더 긴 준공공 임대에 혜택이 더 많다. 하지만 세제 혜택이 많다고 무조건 좋은 것은 아니므로 각자의 상황에 따라 비교해야 한다. 세부적인 세제 혜택은 뒤에서 다루겠다.

임대사업자와 매매사업자의 차이

주택 임대사업자(이하 '임대사업자')는 임차인에게 전·월세 등 세를 받는 것이 주목적이며 주택 매매사업자(이하 '매매사업자')는 집을 사고파는 것이 주목적이다. 이때 두 사업자를 구분하는 기준이 주택 매매(사고팔기)를 '계속적', '반복적'으로 '하느냐', '하지 않느냐'이다. 물론 '계속적', '반복적'의 기준이 모호하다고 할 수 있지만 제반 상황을 종합적으로 고려해서 판단한다.

앞에서도 설명했듯이 현행 부가가치세법 시행규칙하에서는(부가가치세법 시행규칙 제 2조 ②항 1호, 2호) '부동산 매매 또는 그 중개를 사업 목적으로 나타내어 부동산을 판매하는 경우', '사업상 목적으로 1과세기간 중에 1회 이상 부동산을 취득하고 2회 이상 판매하는 경우'에 매매사업자로 '간주'될 수 있으니 주택 매매 시 이 횟수를 유의한다.

이 규칙은 부가가치세법에서 규정하고 있다. 부가가치세법에서 말하는 1과세기간은 상반기 6개월(1월 1일~6월 30일), 그리고 하

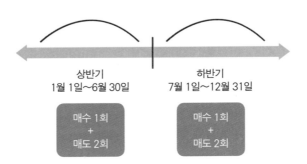

반기 6개월(7월 1일~12월 31일)이다. 따라서 6개월 내에 주택을 1회 이상 매수하고 2회 이상 매도한다면(동시 충족 조건) 매매사업자로 간주될 가능성이 있다. 게다가 전용 면적 85제곱미터 초과 주택을 매도했다면 그 가능성이 더 높아질 수 있다. 중대형 주택을 매도하기 전에는 이에 대해 한 번 더 고려한다.

주택 임대사업자가 누리는 혜택: 취득 및 보유단계

Q 이번에 임대사업자 등록을 하려고 하는데 구체적으로 어떤 혜택이 있는지 궁금합니다.

A 네, 혜택에 대해 잘 알아놓으면 수익에도 큰 도움이 됩니다.

Q 이번에 제대로 알아보려고 하는데 세무서에 문의하면 되나요?

A 그래도 되지만 구청 주택과에 문의해야 하는 경우도 많습니다. 왜냐하면 최초 사업자 등록은 거주지 구청 주택과에 가서 해야 하기 때문입니다. 물론 세무서 등록도 필요합니다.

Q 왜 그렇죠?

A 임대사업자에 관한 전반적인 내용은 국토교통부에서 관할하며 이에 대한 근거 법령은 '민간 임대 주택에 관한 특별법'입니다. 그런데 세제 혜택 측면에서는 양도소득세 감면, 종합부동산세 합산 배제, 주택 임대로 인한 사업소득 등이 있는데 이 부분은 국세청 관할인 세무서에

문의해야 합니다. 관련 근거 법령도 소득세법, 조세 특례 제한법 등이 있습니다.

Q 아, 듣기만 해도 머리가 아프네요.

A 너무 어렵게 생각하지 말고 하나씩 살펴보면 됩니다.

임대사업자 등록의 혜택은 매우 다양하다. 민간 단기 임대와 준공공 장기 임대 등으로 구분되므로 이에 따른 요건을 제대로 준수해야 원하는 혜택을 모두 받을 수 있다. 권리(세제 혜택)와 책임(의무사항)은 항상 바늘과 실 같은 존재이기 때문이다.

강의와 상담을 많이 하면서 어떻게 하면 이 내용을 쉽게 전달할 수 있을지를 고민했다. 그 결과, 임대사업자의 종류에 따른 구분보다 각 단계에 따라 세제 혜택을 설명하는 것이 훨씬 유리하다는 결론을 내렸다. 이렇게 해야 시간 흐름에 따라 어떤 혜택이 있는지 알기 쉽고 그때그때 민간 단기 임대와 준공공 장기 임대의 차이만 확인하면 되기 때문이다.

취득단계에서의 혜택

임대사업자에게는 취득단계에서 '취득세 감면'이라는 혜택이 주어진다. 단, '신규+공동 주택+전용 면적 60제곱미터 이하'여야 한다. 이 조건을 갖춘다면 단 1채만 등록해도 취득세를 감면해준다.

그런데 감면되는 취득세액이 200만 원을 초과할 경우 전부 감면 해주지 않는다. 15%는 본인 부담이다. 이를 '최저한세(最低限稅)' 라고 하는데 최소한으로 내야 하는 세금 정도라고 알면 된다.

예를 들어, 전용 면적 60제곱미터 이하 아파트를 분양받아 임대 주택으로 등록할 경우 취득세가 200만 원 이하라면 전액을 감면 해주고 300만 원이라면 15%인 45만 원은 부담해야 한다.

그렇다면 전용 면적 60제곱미터를 초과할 경우에는 어떻게 될까? 전용 면적 60~85제곱미터 주택의 경우에는 취득세가 50% 감면되지만 20호 이상을 등록해야 한다. 일정 규모 이상을 등록하지 않은 임대사업자는 해당되지 않는다고 보면 된다. 다가구 주택도 이러한 혜택에서 배제된다.

지금까지 내용을 정리하면 다음과 같다(단, 취득세 감면 혜택은 2021년까지 등록분에 한한다).

[임대사업자 세제 혜택: 취득단계]

취득
취득세 감면

- 100% 감면
  - 신규+공동 주택
    (주거용 오피스텔 포함)
  - 60㎡ 이하
  - 1호 이상
  - 200만 원 초과 시 85% 감면
- 50% 감면
  - 60~85㎡ 이하
  - 20호 이상
- 다가구는 배제

취득세 감면을 위한 요건을 사전에 파악할 것!
  - 신규, 공동 주택
  - 전용 면적 60㎡ 이하
  - 최저한세 유의(200만 원 이하일 때 유리)

전용 면적 60㎡ 초과라면 현실적으로 혜택 미미!
  - 20호 이상

보유단계에서의 혜택

주택 임대사업자가 임대하는 주택을 보유 중일 때 내는 세금은 크게 2가지다. 바로 보유세(재산세, 종합부동산세)와 임대소득세다. 그리고 2가지 세금 모두에 혜택이 있다.

재산세 관련해서 세제 혜택을 받으려면 2호 이상 임대 주택으로 등록할 것, 공동 주택일 것 등의 조건을 따라야 한다(다가구 주택은 각 호 모두 전용 면적 40제곱미터일 때 가능). 그리고 임대사업자의 종류와 전용 면적에 따라 세제 혜택이 차이가 난다.

전용 면적	민간 단기 임대	준공공 장기 임대
40㎡ 이하	50%	100%
40㎡ 초과~60㎡ 이하	50%	75%
60㎡ 초과~85㎡ 이하	25%	50%

그다음은 종합부동산세다. 임대 주택으로 등록하면 '종합부동산세 합산 배제'라는 혜택을 준다. 즉, 해당 주택이 종합부동산세 과세 대상에서 제외되면서 그만큼 세 부담이 줄어든다. 보유 주택 수가 많아서 종합부동산세 과세 대상자라면 공동명의를 통해 종부세 부담을 줄일 수 있지만 임대사업자 등록으로도 세 부담 감소가 가능하다.

물론 유의사항이 있다. 첫째, 임대 주택으로 등록만 해서는 안 되며 등록 시점에서 해당 주택의 기준 시가가 6억 원 이하여야 한다(수도권 외 주택은 3억 원 이하). 일정 수준 이상의 주택은 합산 배제라는 혜택을 주지 않겠다는 의도다. 해당 기준 시가는 임대 개시

시점일 때에만 확인한다.

둘째, 최소 8년 이상 의무 임대를 해야 한다(단, 2018년 4월 1일 이전에 등록한 경우에는 5년 임대를 하면 된다). 만약 의무 임대 기간을 지키지 않고 해당 임대 주택을 양도하면 그동안 혜택받았던 종합부동산세만큼 납부해야 하며 경우에 따라서는 거액의 과태료를 낼 수도 있다. 종합부동산세는 세무서에서 과세하며, 과태료는 지자체에서 과세하기 때문에 그렇다. 현행 법상 민간 단기 임대 주택은 의무 임대 기간이 4년인데 종합부동산세 합산 배제 혜택은 8년(혹은 5년)이라 서로 맞지 않는다. 입법적인 보완이 요구된다.

셋째, '9·13 대책(2018년)' 이후에 취득한 주택은 아무리 기준시가가 6억 원 이하(수도권 외 3억 원)이고, 5년 혹은 8년을 임대했어도 종부세 합산 배제 혜택을 받을 수 없다. 이는 주택 임대사업자에게 과도한 혜택이 가고 있다는 여론을 의식한 탓인지, 정부가 '9·13 대책' 중 하나로 내놓은 제재 사항이다. '9·13 대책' 이전에 취득한 주택은 지금이라도 조건(등록 당시 기준 시가 등)을 맞춰 등록하면 혜택이 가능하니 참고한다.

넷째, 이 역시 '9·13 대책' 때 나온 것으로, 종부세 합산 배제 요건을 갖춘 주택의 경우, 단순 의무 임대 기간만 지켜서는 안 되며 해당 주택의 보증금을 '5% 이내'로만 상한으로 해서 올려야 한다. 만약 5%를 초과해서 임대료를 올리면 세제 혜택을 못 받으며 과태료까지 납부해야 한다.

마지막으로 주택 임대소득세 부분을 보자. '주택 임대소득세'
란, 주택을 통해 일정 수준 이상의 임대소득이 발생할 때 납부해야
하는 사업소득세다. 주택 임대사업자라면 이때도 세액 감면 혜택
이 있는데 1호를 임대 주택으로 등록할 경우 가능하다. 이때 민간
단기 임대의 경우 납부 세액의 30%를, 준공공 장기 임대의 경우
75%를 감면해주는데 2020년부터는 이 혜택이 각각 20%, 50%
감면으로 줄어들 전망이다.

지금까지 내용을 종합하면 다음과 같이 정리할 수 있다. 자세히
보면 알겠지만, 보유단계에서의 세제 혜택은 준공공 장기 임대 때
가 훨씬 좋다. 하지만 의무 임대 기간이 8년으로 길기 때문에 차등
적인 세제 혜택은 당연하다.

〔임대사업자 세제 혜택: 보유단계〕

보유 | 임대

보유세 감면
임대소득세 감면

- 재산세 감면(단기 | 준공공)
  - 단, 2호 이상 등록 시 가능
  - 40㎡ 이하(50% | 100%)
  - 40~60㎡(50% | 75%)
  - 60~85㎡(25% | 50%)
- (재산세) 다가구는 각 호 모두 전용
  40㎡ 이하여야 가능
- 종부세 합산 배제
  - 종부세 대상에서 제외
  - 등록 당시 기준 시가 6억 원 이하
  - 취득일 | 등록일 따라 상이
- 주택 임대소득세 감면
  - 1호 이상 등록 시
  - 혜택 지속 축소

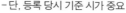

재산세 효과? 글쎄…
  - 2호 이상 등록
  - 감면율 낮음(게다가 21년까지)

종부세 합산 배제 여부가 가장 중요!
  - 단, 등록 당시 기준 시가 중요
  - 등록 이후 올라도 무관
  - 2018년 4월 이전 5년 | 이후 8년
  - 단, 2018년 9월 13일 이후는 혜택 불가!

주택 임대소득세 감면
  - 단기 40% | 준공 75% 감면
  - (20년~) 단기 20% | 준공 50% 감면

주택 임대사업자가 누리는 혜택:
양도단계

취득·보유단계에 이어 최종 양도단계에서 임대사업자가 누릴 수 있는 혜택을 살펴보자. '주택 임대'사업자이므로 '양도'에 대해서는 관심이 떨어질 수 있지만 부동산의 최종 수익률은 양도단계에서 완성되므로 관련 세제 혜택을 잘 알아놓고 있어야 한다.

거주 주택 양도소득세 비과세 및 장기 보유 특별 공제율 추가 혜택

여기서 잠깐! 양도단계에서의 세제 혜택을 알기 전에 '거주 주택 양도소득세 비과세'에 대해 반드시 알고 있어야 한다. 양도세 절세에 있어 가장 핵심이며 임대사업자가 받을 수 있는 가장 큰 혜택이기 때문이다. 사업자 등록할 때도 이 부분을 고려한다.

'거주 주택 양도소득세 비과세'란, 실거주하는 집(거주 주택)을 제외하고 나머지 주택을 모두 임대 주택으로 등록하면 향후 거주 주택을 양도할 때 비과세가 가능하게 해준 혜택이다. 임대 주택으로 등록한 주택은 주택 수에서 제외된다. 결과적으로 거주 주택 1채만 있는 것이 되기 때문에 비과세 혜택을 받을 수 있다. 물론 다음과 같은 조건을 따라야 한다.

① 거주 주택에 전 세대원이 2년 이상 거주해야 함.
② 등록한 임대 주택은 5년 이상 의무적으로 임대해야 함.
③ 등록한 임대 주택의 경우 임대 개시 당시 기준 시가는 6억 원 이하여야 함(수도권 외 지역은 3억 원 이하).
④ 등록한 임대 주택은 지자체 그리고 관할 세무서 양쪽 모두에 등록할 것.

등록 시기 관련해서는 거주 주택을 양도하기 전에 다른 주택을 임대 주택으로 등록하면 세제 혜택을 받을 수 있다. 이때 구청(지방세)과 세무서(국세)에 다 등록해야 한다. 등록을 통해 받고자 하는 세제 혜택은 양도소득세 비과세인데 관할 세무서에서 판단하기 때문이다. 조건 ①과 관련해서 '2년 이상 거주'의 경우에는 연속해서 산 기간이 아니라도 괜찮다. 통산(通算)하며 임대사업자 등록일 이전의 거주 기간도 인정된다.

의무 임대 기간인 5년을 채우지 못하고 거주 주택을 먼저 양도

해도 거주 주택 양도소득세 비과세가 가능하다. 우선 거주 주택 양도소득세를 비과세하고 나머지 임대 주택을 5년 동안 임대하는지 과세당국에서 모니터링을 한다. 이후 5년을 채우지 못하면 그동안 혜택을 받았던 비과세에 가산세까지 더해져 세금 추징을 당한다.

임대 주택 등록을 민간 단기로 하면 의무 임대 기간이 4년으로 알고 있는데 거주 주택 양도소득세 비과세 혜택을 위해서는 5년 이상 의무 임대를 해야 하는지에 대해 궁금할 것이다. 사실 많은 사람이 헷갈려하는 부분이다. 4년 의무 임대는 민간 임대 주택에 관한 특별법에서 정한 규정이고 거주 주택 양도소득세 비과세는 소득세법 등에서 다루고 있기 때문에 차이가 발생하는 것이다. 앞에서도 언급했지만 향후 보완이 요구되는 부분이다.

거주 주택 양도소득세 비과세 외에도 양도단계에서의 세제 혜택이 더 있다. 바로 장기 보유 특별 공제율에 대한 추가적인 혜택이다. 211쪽 표를 보면 자세히 알 수 있다.

양도소득세를 다룬 3장에서도 살펴봤지만 장기 보유 특별 공제는 여기까지 파악해야 완벽하다고 할 수 있다. 211쪽 표에서 봤듯이 일반 주택의 경우 6~30%의 장기 보유 특별 공제율이 적용된다(2018년 시행 개정 세법으로 인해 2019년부터 양도하는 일반 주택의 장기 보유 특별 공제는 1년에 2%씩 적용된다. 따라서 30% 공제율 적용을 받으려면 10년이 아닌 15년을 보유해야 한다). 여기에 임대 주택으로 등록한 주택에는 공제율이 추가된다. 민간 단기 임대 주택의 경우

〔일반 주택과 임대 주택의 장기 보유 특별 공제율〕(단위: %)

구분	일반 주택	고가 주택 (1가구 1주택)	민간 단기	준공공
공제율	6~30	24~80	6~40	50~70
3년 이상 ~ 4년 미만	6	24	6	–
4년 이상 ~ 5년 미만	8	32	8	–
5년 이상 ~ 6년 미만	10	40	10	–
6년 이상 ~ 7년 미만	12	48	12 + 2	–
7년 이상 ~ 8년 미만	14	56	14 + 4	–
8년 이상 ~ 9년 미만	16	64	16 + 6	50
9년 이상 ~ 10년 미만	18	72	18 + 8	50
10년 이상 ~ 11년 미만	20		20 + 10	
11년 이상 ~ 12년 미만	22		22 + 10	
12년 이상 ~ 13년 미만	24	80	24 + 10	70
13년 이상 ~ 14년 미만	26		26 + 10	
14년 이상 ~ 15년 미만	28		28 + 10	
15년 이상	30		30 + 10	

6년 이상 임대를 하면 추가 공제를 해준다. 즉, 6년 이상의 경우 2%p, 7년 이상이면 4%p, 이런 식으로 최대 40%의 장기 보유 특별 공제율이 가능하다.

마찬가지로 준공공 장기 임대 주택의 경우에는 이보다 더 큰 혜택이 주어진다. 7년 이상 8년 미만까지는 일반 주택과 동일하지만 8년 이상 임대를 할 경우 50%로 크게 올라간다. 준공공 장기 임대 주택은 8년이 최소 의무 임대 기간이므로 기본적으로 50%의 장기 보유 특별 공제율이 적용된다고 볼 수 있다. 10년 이상이면

70%까지 올라간다. 다만, 이번에도 '9·13 대책' 이후에 취득한 주택에 대해서는 비록 준공공 임대 주택으로 등록해도 면적 요건(전용 85제곱미터 이하)에 가액 요건(등록 당시 기준 시가 6억 원 이하, 수도권 외는 3억 원 이하)이 추가되었다. 따라서 2018년 9월 13일 이후에 취득한 주택은 단순히 면적 조건만 만족했다고 해서 준공공 장기 보유 특별 공제 혜택을 곧바로 받는 것은 아니니 주의해야 한다.

준공공 장기 임대 주택의 경우 2018년까지 취득하고 3개월 이내에 등록한 다음(2018년 시행 개정 세법에 따르면 2018년까지 등록이 연장되었다. 당초 2020년까지 연장될 것이 축소되었다), 10년 동안 임대하면 향후 '양도소득세 100% 감면' 혜택을 받을 수 있다고 강의 때 설명하자 "10년 동안 임대했다가 팔면 장기 보유 특별 공제 70% 적용과 양도소득세 100% 감면을 다 받을 수 있는 건가요?"라는 질문을 받았다. '70% 적용'과 '100% 감면'은 같이 생각해야 하는 것이 아니라 따로따로 생각해야 하는 것이다. '양도소득세 100% 감면'은 그냥 해주는 것이 아니라서 반드시 양도 후 감면 신청을 해야 하는데, '취득한 후 3개월 내에 등록하지 않았다' 등의 이유로 신청이 안 되기도 한다. 하지만 경우에 따라서는 장기 보유 특별 공제율 70%(또는 50%)가 적용될 수 있음을 기억한다.

실제로 정부는 과도한 세제 혜택을 방지하기 위해 양도소득세 100% 감면이라는 혜택을 준 이상 추가적으로 장기 보유 특별 공제 혜택은 주고 있지 않다. 그렇다면 장기 보유 특별 공제가 아예 적용되지 않는 것일까? 그렇지 않다. 기존처럼 최대 30%가 적용된다. 준공공 장기 임대 관련 혜택에 대해 정리하면 다음과 같다 (취득 후 3개월 내에 등록했다고 봄).

① 8년 임대 후 매도하면 장기 보유 특별 공제 50%를 받는다.

② 10년 이상 임대했다가 매도하면 양도소득세 100% 감면 혜택을 받는다(장기 보유 특별 공제 최대 30% 적용받음). 감면이 안 되면 장기 보유 특별 공제 70%를 적용받는다.

다시 한 번 최종적으로 준공공 장기 임대 주택의 양도소득세 100% 감면을 받기 위한 조건을 정리하면 다음과 같다(조세특례제한법 시행령 97조의 3, 97조의 5 등 정리).

① 전용 면적 85제곱미터 이하일 것.

② 취득 후 3개월 이내 등록할 것.

③ 10년 이상 준공공 장기 임대 주택으로 임대할 것.

④ 임대료 상승은 연 5% 이내일 것.

⑤ 세액 감면을 위해 사후 감면 신청을 할 것(이때 표준임대차 계약서 첨부해야 함).

⑥ 2018년 12월 31일까지 취득(계약 포함)분에 한함.

지금까지 설명한 양도단계의 세제 혜택을 정리하면 다음과 같다.

〔임대사업자 세제 혜택: 양도단계〕

양도

거주 주택
등록 임대 주택

- 거주 주택
  - 거주 주택 비과세 특례 가능
  - 가장 복잡 그러나 중요!
- 등록 임대 주택
  ① 민간 단기
  - 15년 보유 시 장특공 40%
  ② 준공공
  - 8년 보유 시 장특공 50%
  - 10년 보유 시 장특공 100%
  - 10년 보유 시 양도세 100% 감면(단, 18년 限 등록분)

거주 주택 양도세 비과세는 1회만!
  - 요건 중요!
  - 다음 '04. 거주 주택 양도소득세 비과세를 좀 더 알아보자' 참고.

장특공은 준공공이 훨씬 유리! 단…
  - 2018년 9월 13일 이전 취득분은 전용 85㎡ 이하면 혜택 가능
  - 2018년 9월 13일 이후 취득분은 전용 85㎡ 이하+기준 시가 6억 원 이하
  - 양도세 100% 감면은 ① 취득 후 3개월 이내, ② 2018년까지 등록분에 한해서 적용
  - 장특공 50%, 70%는 여전히 가능

임대사업자의 세제 혜택을 '취득–보유–양도'단계로 살펴봤다. 앞으로 보유세가 매우 강화가 될 것인데 이를 피하는 방법은 해당 주택을 매도하거나 증여하지 않는 한, 임대 주택 등록이 유일하다. 그런데 정부는 기존의 등록 활성화 태도에서 세제 혜택 축소로 급선회를 하였기에 언제 어떻게 제도가 바뀔지 모름을 유의해야 한다. 아울러 등록하고자 하는 주택의 취득일과 등록일, 전용 면적 및 등록 당시 기준 시가 등 다양한 조건에 따라 혜택 가능 여부가 달라지므로 반드시 본인이 어떤 혜택을 원하는지, 그리고 그 조건은 무엇이고 등록하고자 하는 주택의 혜택이 가능한지 여부를 사전에 꼼꼼히 살피고 등록해야 한다.

〔임대사업자 세제 혜택(종합)〕

취득	보유	임대	양도
취득세 감면	보유세 감면 임대소득세 감면	거주 주택 등록 임대 주택
• 100% 감면 　–신규+공동 주택 　　(주거용 오피스텔 포함) 　–60m^2 이하 　–1호 이상 　–단, 200만 원 초과 시 　　85% 감면 • 50% 감면 　–60~85m^2 이하 　–20호 이상 • 다가구는 배제	• 재산세 감면(단기 ǀ 준공공) 　–단, 2호 이상 등록 시 가능 　–40m^2 이하(50% ǀ 100%) 　–40~60m^2(50% ǀ 75%) 　–60~85m^2(25% ǀ 50%) • (재산세) 다가구는 각 호 모두 전용 40m^2 이하여야 가능 • 종부세 합산 배제 　–종부세 대상에서 제외 　–등록 당시 기준 시가 6억 원 이하 　–취득일 ǀ 등록일 따라 상이 • 주택 임대소득세 감면 　–1호 이상 등록 시 　–혜택 지속 축소	• 거주 주택 　–거주 주택 비과세 특례 가능 　–가장 복잡 그러나 중요! • 등록 임대 주택 　① 민간 단기 　–15년 보유 시 장특공 40% 　② 준공공 　–8년 보유 시 장특공 50% 　–10년 보유 시 장특공 100% 　–10년 보유 시 양도세 100% 감면(단, 18년 限 등록분)

이번에는 지금까지 설명한 임대사업자에 대한 내용을 바탕으로 임대사업자의 장점과 단점을 알아보자.

◎ 장점

① 세제 혜택이 폭넓다(취득세와 재산세 감면, 종합부동산세 합산 배제 등 적용).

② 장기 보유 특별 공제가 추가된다.

③ 내가 거주한 주택은 비과세가 가능하다(거주 주택 양도소득세 비과세 적용).

④ 필요 경비의 범위가 넓다.

⑤ 이월결손이 가능하다.

⑥ 대출 조건이 상대적으로 유리하다.

⑦ 준공공 장기 임대 주택 관련 양도세 100% 감면이 가능하다.

◎ 단점

① 사업자로서 지켜야 할 의무 사항이 많다. 만일 어기면 그동안 받았던 세제 혜택 환급은 물론, 과태료 등 제재가 가해진다.

② 임대 기간 중에는 임대료 인상이 제한된다(연 5%).

③ 최소 4년(8년) 이상은 의무 임대 기간을 준수해야 한다(제대로 세제 혜택을 받으려면 5년 이상은 되어야 한다).

④ 건강보험료 지역 가입자 전환 등 추가적인 준조세 부담이 발생할 수 있다.

⑤ 일정 규모 이상의 사업 유지 시 기장료 등 추가적인 비용이 발생할 수 있다.

거주 주택 양도소득세 비과세를 좀 더 알아보자

강연장에서도 '거주 주택 양도소득세 비과세'에 대한 사람들의 관심이 뜨겁다. 매우 중요한 혜택인데 제대로 이해를 못하거나 잘못 이해하는 경우가 많아서 이번에 좀 더 자세히 알아보겠다.

앞에서 설명했던 거주 주택 양도소득세 비과세의 조건에 대해 다음 그림을 보면서 다시 한 번 정리해보자.

거주 주택	임대 주택
• 2년 이상 '거주'(보유 아님) • 사업자 등록 이전의 거주 기간도 인정	• 거주 주택 외 주택은 모두 등록! • 사업자 등록은 두 번! 　– 세무서(국세)+관할 구청(지방세) • 5년 의무 임대(4년 아님) • 기준 시가 6억 원 이하 　(수도권 외 3억 원 이하)

이제 다음과 같은 주택의 상황을 예로 들면서 '거주 주택 양도소
득세 비과세'에 대해 Q&A 형식으로 자세히 공부해보자.

- A 주택(거주): '전 세대원' 2년 이상 거주
- B 주택(임대): 등록 후 5년 이상 임대
- C 주택(임대): 등록 후 5년 이상 임대

Q 1: 이와 같은 경우 A 주택을 양도하면 비과세가 될까?

A 1: A 주택에 전체 세대원이 2년 이상 거주했고 B와 C 주택은
임대 주택으로 등록한 후 5년 이상 임대했으므로 거주 주
택인 A 주택을 양도하면 비과세가 된다. 단, A 주택이 위치
한 지역이 조정대상지역인지 비조정대상지역인지를 구분
하지 않고 모두 거주해야 함을 유의한다. 간혹 비조정대상
지역이라면 거주하지 않아도 된다고 착각하는 경우가 있다.

Q 2: A~C 주택이 있는 상황에서 또 다른 주택(D 주택)을 취득
했다. D 주택 취득 후 3년 이내에 A 주택을 양도하면 A 주
택은 비과세가 가능할까?

A 2: 비과세가 가능하다. A 주택에서 전체 세대원이 2년 이상
거주를 했고, B와 C 주택은 요건을 갖춰 임대 주택으로 등
록했으므로 이때 A 주택은 '거주 주택 양도세 비과세 특례'

가 가능하다. 여기에 D 주택을 취득했으므로 A 주택과 D 주택 간에 일시적 2주택자에 대한 비과세가 적용되는지를 확인하면 되는데 이 경우에는 가능하다. 그 대신 B와 C 주택이 임대 주택이기 때문에 A 주택에는 '2년 이상 거주' 요건이 반드시 붙는 것을 잊지 않는다. 물론 이번 A 주택에서 2년 이상 거주한 것으로 되어 있기 때문에 통과다.

Q 3: Q 1과 연계된 질문이다. Q 1에서 말한 것처럼 A 주택은 양도하여 비과세를 적용받았다. B와 C 주택만 남은 상황에서 B 주택을 양도하면 비과세가 가능할까?

A 3: B 주택의 비과세 판단 기준은 B 주택 '양도 당시'다. A 주택은 이미 양도했으므로 B 주택과 C 주택 2채만 남아 있다. 그렇다면 일시적 2주택자 비과세 적용이 가능한지 봐야 한다. C 주택이 임대 주택으로 등록되어 있기 때문에 B 주택을 그냥 매도하면 안 된다. 반드시 여기에서 2년 이상을 거주해야 비과세가 가능하다. C 주택은 5년 의무 임대의 요건을 충족했으므로 B 주택만 해당 거주 요건이 충족되면 B 주택 양도 시 비과세가 가능하다.

2019년 2월 12일 소득세법 시행령의 개정으로 거주 주택 비과세 특례는 이제 평생 1회가 적용된다. 단, 시행령 시행일인 2019년 2월 12일 이전에 취득해 임대 등록한 장기 임대 주택을 의무 임대 기간이 종료된 후 2년 거주하여 거주 주택화(化)한다면 거주 주택 비과세 특례를 받을 수 있다. 해당 질문에서 B 주택의 경우 2019년 2월 12일 이전에 취득한 주택이라면 거주 주택 비과세 특례를 받을 수 있지만 그 이후에 취득했다면 더 이상 거주 주택 비과세 특례는 불가능하다.

Q 4: A 주택을 양도하면서 비과세 혜택을 받고 B 주택에서 2년 이상 거주하여 비과세 혜택을 또 받았다. 이제 C 주택 하나 남았다. C 주택을 매도하면 비과세가 가능할까?

A 4: 이 경우에는 앞의 사례보다 더 간단하다. C 주택 하나만 남았기 때문에 거주 요건을 따질 필요가 없다. 보유 기간만 따지면 된다. 이미 보유 기간은 2년이 넘었기 때문에 양도 시 비과세 혜택이 적용된다.

자, 어떤가? 지금까지 말한 사례대로라면 3주택자라도 비과세를 받을 수 있다. 그런데 여기서 좀 더 깊게 들어갈 필요가 있다. 이상의 내용으로 보면, A~C 주택 모두 비과세를 받을 수 있을 것 같지만 실제 세법상으로는 그렇게까지 되지 않기 때문이다.

모두 비과세를 받으면 좋겠지만 반대로 과세당국 입장에서는 건어야 할 세금을 모두 걷지 못한 것이 된다. 지나치게 과도한 혜택은 허용하지 않으려는 의도를 갖고 있다. 그래서 실제로 다음과 같이 비과세가 적용되는 것으로 알고 있으면 된다.

(A, B, C 주택의 비과세 적용 기간)

가장 먼저 양도한 A 주택은 전체 기간에 대해서 비과세를 적용받는다. B 주택의 경우 A 주택과 보유 기간이 겹치는 기간에 대해서는 과세하며 그 이후 기간만 비과세가 적용된다. C 주택도 마찬가지다. 하지만 주의할 것이 있다. 종전에는 임대사업자 등록을 하고 의무 임대 기간을 충족한 임대 주택은 1가구 1주택 비과세 판단 시 거주 요건 없이 2년 이상 보유만 충족하면 비과세가 됐는데, 2019년 12월 17일부터 임대사업자 등록을 할 경우 해당 임대 주택을 1가구 1주택으로 비과세를 받으려면 반드시 2년 이상 거주 요건이 필요하다.

따라서 앞의 사례처럼 거주 주택 양도소득세 비과세 혜택을 받은 다음, 임대 주택으로 등록한 주택까지 순차적으로 비과세를 받으려는 투자자라면 전체 기간에 대해서 모두 비과세가 아님을 알아둬야 한다. 이때 실제 양도소득세 계산 시 해당 기간을 구분하는 기준은 '기준 시가'가 된다.

최근 정부 대책으로 인해 달라진 '거주 주택 양도세 비과세'

이상에서 본 것처럼 거주 주택 양도세 비과세 특례는 매우 좋은 제도이다. 하지만 혜택이 좋은 만큼 쉽게 생각해서는 안 된다. 이 제도를 활용하기 전에 꼭 알아야 할 사항, 그리고 최근 정부 정책으로 인해 앞으로 어떻게 바뀌는지를 정리할 필요가 있다.

임대 주택으로 등록했다고 무조건 주택 수 제외라고 생각하면 곤란하다! 가장 많이들 헷갈리고 놓치는 부분이다. 거주 주택 양도세 비과세 특례의 경우 거주 요건, 그리고 등록한 임대 주택의 요건이 각각 다르다. 그중 하나가 '전 세대원이 2년 이상 거주한 주택을 양도할 때 등록한 장기 임대 주택은 주택 수 제외'이다. 따라서 제아무리 2년 이상 거주한 주택이라고 해도 해당 주택을 양도하지 않는다면 등록한 장기 임대 주택은 주택 수 제외가 되지를 않는다.

등록한 장기 임대 주택 의무 임대는 5년이나 웬만하면 8년으로 알아두자! 거주 주택 양도세 비과세 특례만 노린다면, 등록한 임대 주택을 5년만 의무 임대해도 괜찮다. 하지만 그 외 다른 혜택, 가령 종부세 합산 배제, 양도세 중과 배제와 같은 혜택을 모두 받으려면 8년을 의무 임대해야 한다. 따라서 현실적으로 8년이라고 외워두는 것이

편하다.

5% 이내 임대료 상한도 새롭게 추가됐다! 최근 바뀐 정부 정책에서 핵심 중 하나이다. 이와 같은 혜택을 받으려면 '5% 이내' 임대료 상한 요건을 지켜야 한다. 즉, 앞으로 등록한 임대 주택은 5%를 초과해서 임대료를 올릴 경우 과태료는 물론 세제 혜택까지 못 받을 수 있으니 매우 유의해야 한다.

'거주 주택 양도세 비과세 특례'는 평생 1회로 제한됐다! 너무 좋은 제도라서 그런 것일까? 거주 주택 양도세 비과세 특례는 이제 평생 1회로 제한됐다. 단, 2021년 1월 1일 이후 양도분부터 그렇다. 이에 대해 시행령 개정(2019년 2월 12일) 이전에 취득한 주택에 대해서는 반복 적용이 될 수 있으나 이 역시 앞에서 살펴본 것처럼 전체 비과세는 되지 않으니 가급적 양도 차익이 큰 주택을 양도할 때 '아껴두었다' 활용해야 할 것이다.

마지막으로, 거주 주택 양도세 비과세를 받을 때 해당 거주 주택이 시가 9억 원이 넘는 고가 주택이면서 조정대상지역에 위치하고 일시적 2주택 비과세가 중첩될 경우, 9억 원 초과분에 대한 장기 보유 특별 공제를 받을 수 없다. 과세당국은 9억 원 초과분에 대해서는 양도세 중과가 적용되는 것으로 봐서 이렇게 과세하는 것인데 이럴 경우 뜻하지 않게 세 부담이 급격히 커질 수 있다. 반드시 사전에 세무전문가와 상의 후 진행한다.

그렇다면
매매사업자는 어떨까?

Q 임대사업자에 대한 세제 혜택이 굉장히 많네요? 좀 복잡하지만요….

A 세법만 알아서는 안 되고 관련된 주택법도 알아야 해서 그렇습니다.
하지만 앞에서 말한 주택의 '취득 – 보유 – 양도'단계에 맞춰서 정리하
면 이해가 빠를 것입니다.

Q 그런데 임대사업자 못지않게 매매사업자도 매력적이라고 합니다. 차
이점은 어떻게 되나요? 그리고 뭐가 더 좋나요?

A 차이점을 알아보는 것은 어렵지 않습니다. 하지만 어떤 것이 더 좋은
지는 목적에 따라 다릅니다.

주택을 사는 목적은 거주하거나, 아니면 타인에게 대여해서 수
익을 내기 위함이다. 이런 주택을 자주 사고파는 행위를 업(業)으
로 하는 사람을 '매매사업자'라고 생각하면 된다. 그렇다면 이 매

매사업자는 어떤 경우에 고려해야 임대사업자보다 좋을까? 매매사업자가 되면 세금적인 측면에서 다음과 같은 장점이 있다. 다음은 '개인' 매매사업자를 중심으로 살펴본 것이며, '법인' 사업자 관련해서는 6장에서 다루겠다.

첫째, 세율 측면에서 유리하다. 매매사업자가 되면 '사업소득'으로 과세가 된다. 소득세 중에서 종합과세 대상에 속하는 6가지 중 하나인 사업소득으로 인정을 받는 것이다. 그렇게 되면 주택을 사고 팔 때 기본 세율(6~42%)이 적용된다. 반면 사업소득이 아닐 경우에는 양도소득에 해당되어 (주택의 경우) 1년 이내는 40%, 1년 이상은 기본 세율(6~42%)이 적용된다. 물론, 2021년도가 되면 주택 역시 다른 부동산과 동일한 양도세율(1년 미만 50%, 1년 이상~2년 미만 40%, 2년 이상 기본세율 6~42%)이 적용됨은 앞에서 설명했다.

결과적으로 매매사업자가 되어 사업소득을 적용받으면 1년 이내에 주택을 매매해도 양도소득세율 40%가 아닌 기본 세율이 적용되므로 세율 측면에서 유리한 것이다(극단적인 예로 매수 후 바로 다음 날 매도해도 기본 세율이 적용된다). 물론 매매사업자라고 해도 비사업용 토지를 단기 매매하면 양도소득세 중과가 된다.

둘째, 필요 경비 측면에서도 유리하다. 임대사업자처럼 매매사업자도 사업자의 지위를 이용해 폭넓은 필요 경비를 인정받을 수 있다. 양도소득세 관련해서 취득과 양도에 필요한 경비만 인정받았다면 매매사업자는 사업과 관련된 비용일 경우(인테리어, 인건비 등) 일정 요건의 증빙을 갖추면 경비로 인정받을 수 있다. 절세 효과가 더 큰 것이다.

셋째, 사업소득에서 손실이 발생할 경우, 10년간 이월 공제를 할 수 있다. 개인이 주택을 팔아서 양도 차손이 나면 해당 손해액은 당해 연도에만 적용할 수 있다. 하지만 매매사업자의 경우 사업소득에서 발생한 손실이기 때문에 10년간 이월해서 적용할 수 있다. 손실 금액 보완이 양도소득보다 훨씬 더 유리하다.

넷째, 상대적으로 대출 규제를 덜 받는다. LTV(주택 담보 대출 비율), DTI(총부채 상환 비율)에 따라 대출이 제한되는 개인보다 매매사업자는 이율 및 대출액에서 더욱 여유롭다. 하지만 이를 악용하는 사례가 일부 있어서 규제지역에서는 사업자 대출 역시 제한을 받고 있다.

다섯째, 세금을 늦게 납부할 수 있다. 개인 또는 임대사업자는 양도소득세를 양도일이 속하는 달의 말일로부터 60일 이내에 납부해야 한다. 반면 매매사업자는 사업소득에 해당하므로 모두 합산하여 다음 해 5월에 납부하기 때문에 그만큼 세금을 늦게 납부할 수 있다. 상대적으로 해당 기간만큼 비용을 아낄 수도 있다.

매매사업자가 되면 신경 쓸 것이 더 많다

매매사업자가 무조건 좋아 보이는 것 같지만 꼭 그렇지만은 않다. 다음과 같은 점을 유의해야 한다.

첫째, 주택 매매와 관련해서 사업성을 인정받아야 한다. 세법은 '사업소득'을 판정할 때 '계속성', '반복성'을 가장 중요하게 고려한다. 주택을 많이 보유하고 있어도 주기적으로, 반복적으로 사고팔기를 해야 사업성을 인정받을 수 있는 것이다. 앞에서 1과세기간(상반기 6개월, 하반기 6개월) 동안 주택을 1회 매수하고 2회 양도하는 경우에 매매사업자로 간주될 수 있다고 말했다. 이 정도로 매매를 하면서 사업장 외형 구성 등 사회 통념상 인정받는 부분까지 종합적으로 갖출 필요가 있다.

둘째, 전용 면적 85제곱미터 초과 주택을 매도할 경우 건물분에 대해서는 부가가치세 납부 의무가 있다. 5월 종합소득신고 외에 (초과 주택 매도 시) 7월, 1월에 부가가치세 신고까지 해야 한다.

세금 부담도 부담이지만 부가가치세가 붙으면 매매가의 10%가 가산되어야 한다. 매매사업자인 내가 갖고 있는 주택이 전용 면적 85제곱미터 초과일 경우 주변 주택이 3억 원이라도 10% 때문에 3억 3,000만 원에 내놓아야 한다. 매도가 어려울 수 있다.

셋째, 매매사업자가 되면 사업자로서 준수해야 하는 각종 의무 규정을 지켜야 한다(임대사업자도 마찬가지다). 매년 사업장 현황 신고는 물론이고, 5월마다 종합소득신고를 해야 하며 필요한 경우에는 복식 기장을 작성해야 한다. 임대사업자처럼 사업자를 내서 운영할 수 있지만 가급적 임대 주택과 매매 주택을 구분하기 위해서는 별도의 사업자를 내는 것이 운영하는 측면에서 더 효율적이다.

넷째, 매매사업자인 동시에 근로소득이 없다면 지역 가입자로 전환되어 건강보험료 부담이 늘어나게 된다. 특히 건강보험료는 해당 명의자의 재산(부동산, 자동차 등)을 모두 확인하여 요율을 산정하므로 근로소득이 있던 직장 가입자 때보다 더 많이 나오는 경향이 많다. 세금을 조금 줄이려다가 오히려 보험료가 더 많이 나오는 경우가 될 수 있다.

다섯째, 매매사업자는 비교 과세를 따른다. 종합소득에 '주택 등 매매 차익'이 있으면 양도소득세 계산방식과 종합소득세 계산방식으로 계산한 금액 중 큰 금액으로 과세하도록 규정하고 있다. 이렇게 하지 않으면 매매사업자를 통해 양도세 중과 등을 회피할 수 있기 때문이다. 그래서 매매사업자 등록 전에 자신의 매매 행위 등을 종합적으로 고려할 필요가 있다.

지금까지 매매사업자에 대해 장점과 유의할 점을 바탕으로 살펴봤다. 결과적으로 매매사업자는 주택을 사고파는 행위(매매)를 계속적으로, 반복적으로 하는 사람에게 맞는 제도다. 1년에 1~2회 정도 매매하거나 주로 임대를 한다면 맞지 않을 수 있다. 그러므로 이번 내용을 잘 숙지하고 내 상황과 앞으로 하고자 하는 일 등을 면밀히 고려한 다음에 선택하자.

반드시 알아야 하는
수입 금액 계산법

Q 주택을 임대하면 전세, 월세 등의 수입이 발생하는데 어떻게 계산을 해야 하나요?

A 네, 좋은 질문입니다. 임대하면서 발생하는 월세 수입, 그리고 보증금을 갖고 있으면서 발생하는 이익을 간주 임대료라고 하며 이를 계산한 것을 '수입 금액'이라고 합니다.

Q 임대사업자만 해당되는 건가요?

A 그렇지 않습니다. 사업자가 아니더라도 이에 대해서는 정확한 계산이 필요합니다. 일정 수준이 넘으면 종합소득신고를 해야 하거든요.

주택 임대를 할 때 '수입 금액'을 계산할 줄 알아야 한다. 임대사업자가 아니더라도 알아야 하는 부분이라 등록 여부와는 상관없다. 임대 주택으로 등록하지 않은 주택에서 나오는 전·월세 수입 금액은 그만큼 세원 노출이 잘 되지 않기 때문에 신고하지 않아도 많이 넘어가곤 했다. 하지만 지금은 다르다. 과세당국의 정보 수집 능력이 나날이 발전하면서 주택 임대소득에 대해 파악이 훨씬 용이해졌다. 게다가 2019년도부터는 주택 임대소득 비과세가 전면 폐지되면서 이에 대해 모두가 납세 의무를 지게 된다. 당연히 신고 대상인데도 신고하지 않으면 이에 대한 불이익은 자신이 져야 하므로 이와 관련한 준비를 확실히 할 필요가 있다.

주택 수 파악부터 한다

수입 금액을 파악하기 전에 보유하고 있는 주택 수에 대해 명확하게 알고 있어야 한다. 다음 표를 참고하자.

〔주택 수 산정법〕

구분	주택 수 산정법
다가구 주택	1개의 주택으로 보되, 구분 등기된 경우 각각을 1개의 주택으로 계산
공동 소유 주택	지분이 가장 큰 자의 소유로 계산 (2인 이상의 경우 각각의 소유로 계산) 단, 지분이 가장 큰 자가 2인 이상인 경우로써 합의하여 1인을 임대 수입의 귀속자로 정한 경우에는 그의 소유로 계산
임차 또는 전세 받은 주택을 전대하거나 전전세하는 경우	해당 임차, 전세 받은 주택을 임차인 또는 전세 받은 사람의 주택으로 계산
본인과 배우자가 각각 주택을 소유하는 경우	합산하여 계산 (단, 자녀가 보유한 주택 수는 제외. 양도소득세는 1세대를 기준)

다가구 주택은 1개의 주택으로 본다. 물론 구분 등기된 것이라면 각각을 1개의 주택으로 본다.

공동 소유 주택은 지분이 큰 자의 소유로 보지만 지분이 가장 큰 자가 2인 이상이라면, 즉 공동 명의라면 각각 소유한 것으로 본다. 물론 이때 합의하여 1명에게 임대 수입을 귀속시킬 수 있다. 그런데 본인과 배우자가 따로 주택을 소유하고 있다면 합산하여 계산하지만 자녀가 보유한 주택은 수입 금액 계산 시 제외한다. 양도소득세와는 차이가 있으므로 유의한다.

주택 수에 따라 수입 금액 계산법이 다르다

본격적으로 수입 금액을 계산해보자. 여기에서 말하는 수입 금액이란 '월세 수입'과 '간주 임대료', 2가지를 의미하며 필요 경비를 제하기 전 금액이다. 필요 경비를 제외하고 난 금액으로 계산하는 사람도 있는데 그러면 안 된다.

첫째, 집이 1채인 경우에는 별도로 수입 금액을 계산하지 않는다. 따라서 비과세다. 집이 1채라면 보통 자신이 거주하기 때문에 전·월세를 통한 수입 금액이 발생할 수 없다고 본다. 하지만 기준시가 9억 원을 초과하는 '고가 주택'의 월세에 대해서는 과세한다.

둘째, 집이 2채인 경우에는 월세에 대해서만 과세한다. 1채는 자신이 거주하고 남은 1채로 월세를 받고 있다고 보는 것이다. 연간 수입 금액이 기준이므로 1년 치 월세를 기준으로 계산한다. 중간에 월세를 받으면 그날로부터 연말까지 받은 금액을 계산하면 된다. 간주 임대료는 신경 쓰지 않아도 된다.

셋째, 집이 3채 이상인 경우에는 월세와 간주 임대료 모두 과세 대상이다. 월세 관련해서는 앞에서 말한 2채인 경우와 같다. 여기서 문제는 간주 임대료다. 간주 임대료 계산법은 임대 중인 주택의 모든 보증금이 그 대상이며 다음 계산식에 대입하면 된다.

간주 임대료

(보증금 합계액 – 3억 원)×60%×2.1%(19년 귀속분)

계산식을 통해 제도의 취지를 알 수 있다. 간주 임대료란, 임대하고 있는 주택의 보증금을 모두 더한 금액 중 3억 원 초과분의 60% 정도는 은행에 넣어 이자를 받고 있다고 보는(간주) 것이다. 그래서 과세당국에서 정한 이율 2.1%는 현실에 맞게 조정이 되기도 한다. 예전에는 3%에 가까운 이율이 적용되기도 했으며, 2019년 귀속 주택 임대소득에 대한 간주 임대료 적용 이율은 2.1%이다. 이는 매년 변동될 수 있으니 해당 임대소득에 적용되는 이율을 확인하고 적용토록 한다.

월세처럼 연중에 보증금이 바뀌는 경우도 있다. 이때는 '적수(잔액의 합계액)'라고 해서 보증금을 일할계산으로 해야 한다. 일(日)

별로 구분해서 계산해야 하는 것이다. 그런데 보통 '1일~말일' 기준으로 세입자와 계약하기 때문에 월(月) 단위로 계산해도 무방하다. 예를 들어보자. 1월부터 12월까지 월세가 40만 원이라면 월세로 인한 연간 수입 금액은 480만 원(40만 원×12개월)이다. 그런데 1월부터 6월까지는 40만 원, 7월부터 12월까지는 50만 원을 받았다면 연간 수입 금액은 540만 원(40만 원×6개월+50만 원×6개월)이 된다. 월 45만 원을 받은 것이 된다(참고로 일별로 계산할 경우, 상반기 6개월은 181일, 하반기 6개월은 184일로 한다. 윤년 때에는 제외).

이제 계산법에 대해 큰 틀로 알아봤다. 다음 사례를 통해 구체적으로 살펴보자.

① 2주택 소유 | 월세 250만 원

• 2주택자: 월세부분 확인

• 연간 수입 금액: 250만 원×12개월=3,000만 원

∴3,000만 원 전액 종합과세

2주택자인데 1채는 월세를 준 경우이다. 그래서 월세만 확인하면 된다. 월세는 250만 원으로 1년 동안 세를 받아 총 3,000만 원이 수입 금액이 된다(다시 말하지만 필요 경비를 제하기 전 금액이다). 2,000만 원을 초과했으므로 종합과세가 된다. 물론 '2,000만 원 초과 금액'이 아니라 '전액'이 종합과세가 된다. 사업자 등록 여부

와 상관없이 소득 신고를 해야 한다.

② 2주택 소유 | A 주택: 전세 5억 원(남편 단독) | B 주택: 보
증금 1억 원+월세 250만 원(부부 공동명의)

• 2주택자: 월세부분 확인

• 연간 수입 금액: 250만 원×12개월=3,000만 원

　→개인별 1,500만 원

∴2,000만 원 이하이므로 분리과세

　2주택자인데 전세와 월세를 준 경우이다(2채를 다 임대로 내놓고 자신은 남의 주택을 임차해서 사는 것이다). 2채이므로 월세만 확인하면 된다. 월세 250만 원의 1년 치는 3,000만 원이다. 부부 공동명의이므로 개인별로 나누면 1,500만 원이 된다(동일 지분이라고 가정). 1인당 수입 금액이 2,000만 원 이하이기 때문에 분리과세다. 물론 2018년까지는 비과세였으나 2019년도 귀속분부터는 분리과세이며 이에 대해서는 2020년 5월까지 신고 및 납부를 해야 한다. 양도소득세에 이어 주택 임대소득도 공동명의가 매우 효과적이라는 것을 다시 한 번 확인할 수 있다.

③ 3주택 소유 | 모두 전세 | 보증금 합계액 24억 원

• 3주택자: '월세+간주 임대료'부분 확인

- 월세: 0원
- 간주 임대료: (24억 원 − 3억 원)×60%×2.1%=2,646만 원

∴전액 종합과세

이번에는 3주택자다. 모두 전세이다. 3채이므로 월세와 간주 임대료를 계산해야 하는데 이 사례의 경우 월세가 없다. 간주 임대료를 계산해보니 2,646만 원이 나온다. 2,000만 원을 초과하므로 전액 종합과세가 된다. 참고로 연간 수입 금액 2,000만 원 이하가 되는 보증금 최대치는 약 18.87억 원이다(2.1% 기준).

④ 3주택 소유 | 모두 전세 | 보증금 합계액 18억 원
- 3주택자: '월세+간주 임대료' 부분 확인
- 월세: 0원
- 간주 임대료: (18억 원 − 3억 원)×60%×2.1%=1,890만 원

∴2,000만 원 이하이므로 분리과세

앞의 사례 ③과 유사한데 보증금 합계액이 18억 원이다. 그리고 간주 임대료가 1,890만 원이 나온다. 2,000만 원 이하이므로 분리과세다.

⑤ 3주택 소유 | A 주택: 월세 100만 원 | B 주택: 거주 | C 주

택: 전세(보증금 합계액 11억 원)

- 3주택자: '월세+간주 임대료' 부분 확인
- 월세: 100만 원×12개월=1,200만 원
- 간주 임대료: (11억 원 − 3억 원)×60%×2.1%=1,008만 원

∴.월세+간주 임대료=2,208만 원→2,000만 원 초과이므로
전액 종합과세

3주택자인데 월세와 전세가 섞여 있다면 월세와 간주 임대료를 각각 계산한다. 월세 100만 원의 1년 치는 1,200만 원이고 간주 임대료는 1,008만 원이다. 합하면 전체 수입 금액으로 2,208만 원이 나오는데 2,000만 원 초과이므로 전액 종합과세다.

⑥ 100주택 소유 | 모두 전세 | 보증금 합계액 100억 원

- 100주택자: '월세+간주 임대료' 부분 확인
- 월세: 0원
- 간주 임대료: (100억 원 − 3억 원)×60%×2.1%=1억 2,222만 원

∴.전액 종합과세

마지막으로 다소 극단적인 사례로 한번 보자. 100채를 모두 전세로 두고 있다(보증금 합계액은 100억 원). 3채 이상이므로 월세와 간주 임대료를 따져봐야 하는데 모두 전세이므로 월세 관련 수

입 금액은 없다. 간주 임대료만 계산하면 되는데 보증금 합계액이 100억 원이므로 1억 2,222만 원이 나온다. 전액 종합과세 대상이다.

그런데 전세를 준 100채가 모두 소형 주택(전용 면적 40제곱미터 이하+기준 시가 2억 원 이하)이었다면? 간주 임대료를 계산할 때 소형 주택은 제외한다. 따라서 100채 모두 간주 임대료가 제외되어 월세와 간주 임대료가 모두 '0'이 되고 세 부담은 없다. 하지만 이러한 소형 주택 혜택은 2021년도까지만이므로 그 이후부터는 당연히 이에 대해 납부를 해야 한다.

지금까지 수입 금액을 계산하는 방법에 대해 사례를 중심으로 상세하게 살펴봤다. 임대사업자가 아니더라도 관련 계산법은 반드시 알고 있어야 내가 종합과세 대상인지 아니면 비과세 또는 분리과세 대상인지를 확인하여 대처할 수 있다.

주택 임대사업자 최근 정책 분석 및 향후 활용법

정부는 다주택자의 임대 주택 등록을 유도하기 위해 다양한 정책을 내놓고 있다. 대표적으로 〈임대 주택 등록 활성화 방안〉을 2017년 12월에 내놓았고 그 뒤로도 계속해서 임대 주택 등록을 유도하는 상황이다. 하지만 최근에는 주택 임대사업자에 대한 세제 혜택이 과하다는 지적이 줄곧 제기되어 2018년 9월에 이른바 '9·13 대책'에서는 주택 임대사업자의 혜택을 대폭 축소했다.

그 이후에도 정부는 '집값 안정'을 목표로 계속 정책을 내놓고 있는데, 이번에 이러한 정부의 대책 중 주택 임대사업자가 반드시 알아야 할 내용, 그리고 향후 제도 활용법을 살펴보도록 한다.

첫째, 취득세와 재산세 감면 기한이 2021년까지 연장되었으나 그 이후는 불투명하다. 당초 2018년까지만 적용될 취득세, 재산세 감면 혜택은 2021년 연장 이후에도 임대 주택 등록 활성화를 위해 줄곧 연장되지 않겠느냐는 의견이 많았다. 하지만 주택 임대 사업자에 대한 정부 기조가 바뀌면서 이에 대한 감면 혜택이 계속 연장될지는 불투명해졌다. 따라서 임대 주택 등록을 염두하고 있다면 본인이 원하는 세제 혜택이 어떤 것인지를 명확하게 인지하고 접근하는 자세가 필요하다.

가령 취득세 감면 혜택이 중요하다면 2021년까지, 그리고 신규이면서 전용 면적 60제곱미터 이하 요건을 반드시 따지도록 한다. 마찬가지로 재산세를 줄이고 싶다면 전용 면적 85제곱미터 이하이면서 동시에 최소 2채 이상은 등록해야 혜택을 받을 수 있음을 알아야 한다.

둘째, 주택 임대소득에 대한 비과세가 전면 폐지되어 앞으로 주택을 통해 임대소득이 발생하면 이에 대해서는 세금 신고를 철저히 해야 한다. 중요한 것은 임대 주택 등록 여부와 상관없이 임대소득이 발생하면 모두가 과세 대상이 된다는 점이다. 여기에다 세 부담은 임대 주택을 등록할 때 더 줄어들므로 거액의 주택 임대소득이 발생하고 있다면 진지하게 등록 여부를 고민해봐야 한다.

그렇다면 임대 주택 등록에 따른 실제 세 부담 차이는 얼마나 될까? 다음 사례를 보자.

- 1번 주택
- 현재 자가 중

- 2번 주택(임차)
- 2억 원 | 80만 원

- 3번 주택(임차)
- 3억 원 | 50만 원

① 주택 수는?
- 3주택(자가 주택 포함)
- 따라서 월세+간주 임대료 모두 계산!

② 수입 금액은?
- 월세=(80만 원+50만 원)×12개월
  =1,560만 원
- 간주 임대료=(2억 원+3억 원—3억 원)×
  60%×2.1%=252만 원
- 합계=1,560만 원+252만 원=1,812만 원

③ 2,000만 원 이하 분리과세, 세 부담은?
- 임대 주택 등록 여부에 따라 다름!

이처럼 부부합산 주택 수가 3주택인 경우, 앞에서 살펴본 바대로 수입 금액을 계산할 때에는 월세, 간주 임대료를 모두 계산해야 하므로 총 1,812만 원이 나온다. 즉, 2,000만 원 이하이기 때문에 분리과세가 되는데, 이때 실제 세 부담은 임대 주택 등록 여부에 따라 다르다.

[임대 주택 등록 여부에 따른 세 부담 비교]

구분	임대소득 필요 경비	임대소득 기본 공제	계산식	세 부담 (분리과세, 15.4%)
등록 임대 주택	60%	400만 원	(1,812만 원—1,812만 원×60%) —400만 원=324.8만 원	약 50만 원
미등록 임대 주택	50%	200만 원	(1,812만 원—1,812만 원×50%) —200만 원=706만 원	약 109만 원

위 표는 임대 주택 등록 여부에 따른 세 부담을 비교한 내용으로, 수입 금액이 연간 2,000만 원 이하일 때를 살펴본 것이다. 당초 등록 임대 주택의 경우 필요 경비를 70%로 하기로 했지만 이

를 축소해 60%로 하향했다. 임대소득 기본 공제는 다른 종합소득 금액이 2,000만 원이 넘으면 받을 수 없는데, 여기에서는 가능하다고 보고 계산했다. 그 결과, 해당 주택 모두(앞 사례의 2번과 3번 주택)가 등록 임대 주택이라면 약 50만 원이, 모두가 미등록 임대 주택이라면 약 109만 원이 나오므로 세 부담 관련해서 차이가 남을 알 수 있다. 확실히 임대 주택으로 등록했을 때가 세 부담이 적다는 것을 알 수 있다. 그렇다고 무조건 등록만 할 수는 없을 수 있다. 그 이유는 다음과 같다.

셋째, 주택 임대사업자로 등록을 하면 사업자가 되는데 이때 뜻하지 않은 건강보험료(이하 '건보료')가 나올 수 있다. 건보료는 대표적인 4대 보험 중 하나이다. 4대 보험이란 국민연금, 건강보험료, 고용보험, 산재보험을 의미한다. 이러한 4대 보험은 세금은 아니지만 강제성을 갖고 있어서 세금과 유사한 '준조세'라고 불린다. 우리나라는 크게 직장 가입자, 그리고 지역 가입자로 구분하는데 보통 지역 가입자의 건보료 부담이 큰 편이다. 지역 가입자의 경우 해당 명의자의 재산(부동산, 자동차 등)을 모두 고려하여 보험료를 산출하기 때문이다. 물론 정부는 등록 임대 주택에 한해 일정 기간 건보료 감면 혜택을 주고 있으나 이 역시 그 기한이 만료되면 연장된다는 보장이 없기에 신중한 판단이 필요하다.

넷째, 조정대상지역 양도세 중과를 피하고 종부세 합산 배제 혜택을 받으려면 그 요건이 매우 까다로워서 주의해야 한다. 해당 요건을 따져보지 않고 무작정 등록할 경우, 세제 혜택을 받지 못하고 의무 임대 기간에 묶여 잘못하면 거액의 과태료(의무 임대 기간 미준수 시 1채당 3,000만 원 과태료 부과)를 물어야 할 수 있기 때문이다.

　다음 내용을 보고 본인이 보유한 주택이 양도세 중과 배제, 그리고 종부세 합산 배제 혜택이 가능한지 살펴보자.

① 가장 먼저, 해당 주택의 기준 시가를 살펴본다. 수도권은 6억 원 이하, 수도권 외는 3억 원 이하여야 가능하다. 만약 이 금액을 넘었다면 아무리 임대 주택으로 등록해도 양도세 중과 배제, 종부세 합산 배제 혜택은 불가능하다.

② 다음으로 취득일과 지역을 살펴봐야 한다. 조정대상지역 내에서 2018년 9월 13일 이후 취득한 주택은 임대 주택으로 등록해도 역시 양도세 중과 배제, 종부세 합산 배제 혜택을 받을 수 없다. 기준 시가가 아무리 낮아도 그렇다.

③ 만약 이게 아니라면, 즉 기준 시가 요건을 충족하고 2018년 9월 13일 이전에 취득한 주택이라면 해당 주택을 임대 주택으로 등록할 경우 양도세 중과 배제, 종부세 합산 배제 혜택을 받을 수 있다. 하지만 조심해야 할 부분이 있다. 임대 기간 중 임차료를 5% 초과해 올린다면 이때는 세제 혜택을 못 받음은 물론이고, 과태료를 물어야 한다. 주의하자.

④ 한 가지 더 당부하고 싶은 건, 이상의 요건을 갖춰서 등

록할 경우 해당 등록일이 2018년 4월 이전이라면 5년을, 2018년 4월 이후라면 8년을 의무 임대해야 양도세 중과 배제, 종부세 합산 배제가 가능함을 알아야 한다는 것이다. 민간 단기 4년짜리로 등록했으니 4년만 임대하면 된다고 착각하면 큰일 난다. 꼭 명심하도록 하자.

다섯째, 준공공(현재는 장기 일반 민간 임대 주택)의 경우 '양도세 100% 감면' 혜택은 2018년도로 종료됐지만 여전히 장특공 50%, 70% 혜택은 가능하다. 다만 이 경우에도 5% 이내 임대료 상한은 물론, 전용 면적 85제곱미터 이하, 그리고 의무 임대 기간 8년을 지켜야 한다. 단, 2018년 9월 13일 이후 취득분은 여기에 다시 기준 시가 6억 원(수도권 외 3억 원) 요건이 추가되었으므로 유의한다.

지금까지의 내용을 정리하면 다음과 같다.

① 주택 임대사업자로 등록하면 다양한 혜택을 받을 수 있다.
② 하지만 그 혜택은 점차 줄이는 방향으로 가고 있으니 등록에 신중해야 한다.
③ 양도세 중과 배제, 종부세 합산 배제와 같은 혜택을 받으려면 해당 주택의 취득일, 등록 당시의 기준 시가, 그리고

의무 임대 기간에 따라 결과가 다를 수 있으니 유의토록 한다.

④ 준공공(장기 일반 민간 임대 주택)의 경우 아직도 장특공 50%, 70%는 가능하다.

⑤ 사업자로 등록할 경우 지역 가입자로 전환되어 거액의 건보료가 나올 수 있으니 사전에 이에 대해 대비하고 등록 여부를 결정한다.

이후에도 정부 정책은 시장 상황에 따라 또 변할 수 있다. 따라서 우리는 계속해서 정부 정책에 관심을 두되 자신의 투자 전략, 그리고 자산 관리는 어떤 방향으로 하고 이에 맞는 제도와 정책 활용법은 무엇인지를 더 먼저 생각해야 한다. 아무리 좋은 제도라도 본인이 추구하는 바와 맞지 않으면 소용이 없을 수 있으며 아무리 마음에 들지 않는 제도라도 지켜야 할 의무는 있기 때문이다.

6장

부동산 법인,
제대로 알자

최근 법인으로 부동산 투자를 하는 경우가 크게 늘었다. 수도권은 물론 지방의 부동산에 투자할 때에도 법인 명의로 하는 경우가 많다. 아무래도 명의 분산, 양도세 중과 배제 등 '절세 효과'가 크기 때문일 것이다. 법인 투자의 인기가 높아지자 정부는 일부 지역에 대해 대출 규제를 시행했고 앞으로도 모니터링을 강화한다는 입장이다.

법인을 활용하면 정말 세금이 줄어드는 것일까? 또한 조심해야 하는 부분은 무엇일까? 지금이라도 법인 설립을 해야 할까? 이번 장에서 이에 대해 살펴보자.

법인으로 하면
정말 세금이 줄어들까?

부동산 투자를 하려는 많은 사람이 각종 규제 등으로 '부동산 법인' 설립과 운영에 대해 고민 중이다. 이 중에서 가장 궁금한 사항은 '법인으로 부동산 투자를 하면 정말로 세금이 줄어들까?'일 것이다.

따라서 기존에 개인으로 했을 때와 법인 명의 시 세 부담을 비교해본다. 즉, 개인과 법인의 세율은 어떻게 다른지, 그리고 실제 주택 양도 시 세 부담은 얼마나 차이가 나는지를 구체적인 사례로 비교해봄으로써 이해해보도록 한다.

개인 vs 법인, 세율 비교
다음은 현행 개인소득세율과 법인세율을 비교한 표이다. 개인소득세율은 6%에서부터 42%, 법인세율은 10%에서부터 25%로, 한 눈에 보더라도 법인세율이 개인소득세율에 비해 더 작다는 것을 알 수 있다.

〔개인소득세율〕

과세표준	세율	속산표
1,200만 원 이하	6%	과표×6%
1,200~4,600	15%	과표×15%-108만 원
4,600~8,800	24%	과표×24%-522만 원
8,800~15,000	35%	과표×35%-1,490만 원
15,000~30,000	38%	과표×38%-1,940만 원
30,000~50,000	40%	과표×40%-2,540만 원
50,000(5억) 초과	42%	과표×42%-3,540만 원

〔법인세율〕

과세표준	세율	속산표
2억 원 이하	10%	과표×10%
2억~200억 원 이하	20%	과표×20%-2천만 원
200억 원 초과 ~3천억 원 이하	22%	과표×22%-4.3억 원
3천 억 원 초과	25%	과표×25%-94.2억 원

참고로 개인소득세율은 일명 종합소득세율이라고도 하며, 앞서 살펴본 것처럼 양도소득세에 있어서도 기본 세율과 동일하다. 종합소득세는 기간에 상관없이 벌어들인 금액에 따라 세율이 다르다. 하지만 양도소득세는 주택의 경우 1년 미만이면 40%, 1년 이후면 기본 세율임은 이미 살펴본 바 있다(2021년도 이후 양도분부터는 1년 미만 50%, 1~2년 40%, 2년 이상이어야 기본 세율). 그리고 이때 기본 세율에 해당하는 세율이 앞에서 설명한 개인소득세율과 동일함을 알 수 있을 것이다. 반면 법인세율은 법인이 벌어들인 소득금액에 따라 과세표준이 결정되고 그 액수에 따라 세율이 결정된다.

그렇다면 실제 주택을 사고팔 때, 개인과 법인 간에는 어떤 차이가 있고 실제 누가 더 유리할까?

실제 조정대상지역에 있는 주택을 파는 경우('3주택자 vs 법인' 가정)

가장 좋은 것은 실제 사례를 통해 분석해보는 것이다. 다음 사례를 통해 개인 대 법인으로 주택을 매도할 경우, 세 부담이 얼마나 되는지 비교해 보자. 편의를 위해 몇 가지는 생략 또는 간략화했다.

사례

3주택, 조정대상지역 주택 양도 시

- 차익 1억 원 가정
- 법인 경비는 3,000만 원 가정 시, 세 부담 비교

구분	개인	법인
과표	1억 원-250만 원=9,750만 원	1억 원-3,000만 원=7,000만 원
세율	35%	10%
추가세율	20%(3주택)	10%(추가법인세)
누진공제액	1,490만 원	-
계산식	9,750만 원×55%-1,490만 원	(7천만 원×10%)+(1억 원×10%)
세 합계	3,872만 5,000원	1,700만 원

3주택을 보유하고 있는데 이 중 차익이 1억 원인 주택을 매도

한다고 가정하자. 참고로 조정대상지역에 위치한 주택이다. 이때 개인 명의로 보유한 주택인 경우, 우선 양도차익에서 기본 공제인 250만 원을 차감하면 과표(과세표준)가 9,750만 원으로 나온다. 이 때 적용되는 세율은 35%, 그리고 누진공제액은 1,490만 원인데 조정대상지역에 위치한 주택이므로 기본 세율에 추가 과세가 된다. 이때 중과 대상 주택 수를 따져야 한다. 3주택이라고 했고 별도로 중과 배제 주택이 있다는 말이 없으므로 '3주택 중과'라고 가정할 수 있으므로 기본 세율인 35%에 20%p가 가산되어 55% 세율이 적용된다. 그 결과, 3,872만 5,000원(=9,750만 원×55%-누진공제액 1,490만 원)이 양도세로 나왔다.

반면, 3주택 모두 법인(형태)으로 보유하고 이 중 하나를 매도했다고 가정해 살펴보자. 뒤에서 얘기하겠지만 법인의 경우 벌어들인 소득을 모두 '각 사업 연도소득'으로 보며 이에 따라 최종 결정된 과표에 세율을 곱해 법인세를 도출한다. 개인의 경우에는 8가지 소득 중 하나로 구분한 것과는 아주 큰 차이라고 할 수 있다. 이렇게 소득을 구분해 과세하는 것을 '열거주의', 그렇지 않고 발생한 소득에 가급적 모두 과세하는 것을 '포괄주의'라고 한다. 법인세는 이 중 포괄주의에 해당하며 상대적으로 열거주의와 대비해 더 많은 세금을 걷기가 용이하다. 법인 운영을 할 투자자는 반드시 이 내용을 알고 접근해야 한다.

다시 돌아와서, 법인은 법인 명의로 된 주택을 매각할 경우 해당 차익에 대해 각 사업 연도 소득금액에 포함한다. 앞의 사례에서 해당 주택의 차익은 1억 원, 그리고 법인 경비는 3,000만 원이라고 가정했으므로 그 차액인 7,000만 원(=1억 원-3,000만 원)이 각 사업 연도 소득금액에 가산되며 편의상 이 금액을 해당 법인의 과표라고 하겠다. 이때 세율은 10%에 해당하므로 다른 소득이 없다면 해당 법인의 세 부담은 700만 원(=과표 7,000만 원×해당 세율 10%)이다.

그리고 한 가지가 더 있다. 당초 사업 운영이 주목적인 법인의 경우 부동산을 통해 차익을 얻을 경우 이에 대해 일종의 '패널티' 명목으로 '토지 등 양도차익'이라는 추가법인세가 적용된다. 쉽게 말해 '원래 사업하라고 했더니 부동산을 사고팔아서 이득을 얻어? 그럼 세금 좀 더 내'로 알아두면 편할 것이다. 현재는 그 차액에 대해 10%가 가산된다. 양도세 중과처럼 일종의 중과라고 보면 된다.

이때 차익 자체에 대해 10%가 가산된다는 점을 유의해야 한다. 즉, 비용을 빼기 전 금액이므로 차액인 1억 원의 10%, 즉 1,000만 원(=1억 원×10%)에 대한 추가법인세를 납부해야 한다. 결론적으로 법인 명의로 된 주택을 매각할 때 앞 사례의 경우라면 총 1,700만 원(=700만 원+1,000만 원)을 납부하면 된다. 개인이 납부한 3,872만 5,000원보다는 훨씬 더 적다는 것을 알 수 있다.

간단한 사례였지만 법인으로 주택을 매각하는 것이 세 부담에 있어서는 확실히 유리함을 알 수 있다. 하지만 이게 다일까? 특정 제도가 있는 경우, 극단적으로 무조건 '좋다', '나쁘다' 이렇게 구분하면 안 되며 종합적으로, 특히 본인에게 맞는지를 판단해야 한다. 이제 본격적으로 부동산 법인에 대한 이해와 법인 운영 시 장점과 단점에 대해 살펴보도록 하자.

02

부동산 법인에 대한 이해

법인이란 '법에 의해 권리·의무의 주체로서의 자격을 부여받는 사람(출처: 두산백과)'으로, 쉽게 말해 법으로 생겨난 인격이라고 보면 된다. 이에 반해 우리에 해당하는 보통의 개인은 '자연인'이라고 한다. 이 둘의 가장 큰 차이점은 과세방식에 있어서의 차이인데 부동산 법인을 이해하려면 가장 먼저 다음의 내용부터 알아야 한다.

[개인 vs 법인 차이]

• 자연인
• 홍길동
• (개인)소득세
• 이자 | 배당 | 사업 | 근로
  연금 | 기타 | 양도 | 퇴직

• 법인
• (주)홍길동
• 법인(소득)세
• 각 사업 연도소득

먼저 왼쪽에 있는 자연인 '홍길동'을 보자. 우리나라 세법은 개인이 벌어들인 소득에 대해 총 8가지로 구분해 과세하는데 이를 '열거주의 과세방식'이라고 한다. 즉, 자연인 홍길동이 벌어들인 소득이 (가령) 월급이라면 '근로소득', 임대소득이면 '사업소득', 집을 팔면 '양도소득' 등으로 각각 구분해 과세하는 것이다. 아주 예외적으로 8가지 중 하나에 해당하지 않으면 과세가 되지 않는다. 즉, 세금을 낼 필요가 없는 것이다. 대표적인 예로 비트코인과 같은 가상화폐를 들 수 있다. 현재 과세당국에서는 개정 작업을 통해 이에 대해서도 과세를 추진 중에 있다.

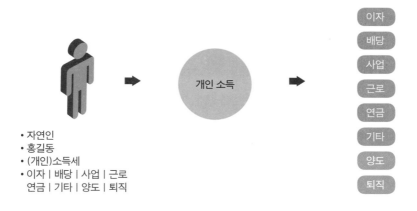

- 자연인
- 홍길동
- (개인)소득세
- 이자 | 배당 | 사업 | 근로
  연금 | 기타 | 양도 | 퇴직

반면, 법인인 '(주)홍길동'의 경우 벌어들인 소득을 '각 사업 연도 소득'으로 '일단' 잡아두고 이후 몇 가지 조정을 거쳐 최종 과세표준을 결정한다. 여기에서 소득의 구분 없이 일단 과세 대상 소득으로 본다는 것이 중요한 포인트다. 앞에서 설명한 개인과 비교했을 때 가장 큰 차이점 중 하나인데, 이를 조금 어려운 말로 '포괄주의 과세방식'이라고 한다.

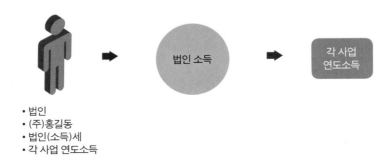

- 법인
- (주)홍길동
- 법인(소득)세
- 각 사업 연도소득

이렇듯 개인보다 법인으로 운영했을 때, 소득에 대해서는 과세가 될 확률이 더 높은데 이쯤에서 열거주의와 포괄주의방식에 대한 차이 비교를 해보자.

포괄주의	열거주의
순자산 증가설	소득원천설
원칙에 관계없이 모든 소득 과세	고정된 원천에서 반복적으로 생기는 것만 과세
별도 구분 없어도 과세 가능	열거된 소득만 과세 가능
미국, 일본 등에서 시행	영국, 독일 등에서 시행
우리나라 법인세	우리나라 소득세(일부 소득 유형별 포괄주의)

포괄주의는 '순자산 증가설'이라고 하며 원천에 관계없이 모든 소득에 과세를 한다. 미국, 일본 등에서 시행 중이며 우리나라에서는 법인세가 그렇다. 반면, 열거주의는 소득원천설로 열거된 소득에만 과세를 할 수 있는데 우리나라 소득세가 그렇다. 우선은 이렇

게 큰 줄기를 본 다음, 구체적인 법인 운영에 따른 장점과 단점을 살펴보자.

법인으로 운영할 때 장점

법인을 운영했을 때 장점과 단점은 여러 가지다. 이제는 구체적으로 주택을 매매한다고 가정해서 그 특징을 살펴볼 것이다. 먼저 법인으로 주택 매매 시 다음과 같은 장점이 있다.

① 양도세 중과가 없다. 단…

부동산 투자자들이 법인을 하는 가장 큰 이유 중 하나가 바로 '법인의 경우 양도세 중과가 없다'이다. 비록 '토지 등 양도차익'으로 인해 추가법인세는 있지만(현재 기준으로 차익의 10%) 개인에게 부과되는 양도세 중과보다는 덜하다. 하지만 이는 앞서 설명한대로 법인이 벌어들인 소득을 양도세로 구분하지 않아서 생긴 결과이지 법인을 특별히 더 우대한다거나 그런 것이 아님을 유의해야 한다. 즉, '양도세 중과가 없다'는 양도세와 관련된 장기 보유 특별 공제, 비과세 등도 없다는 것이다. 추후 예전처럼 토지 등 양도차익 관련해서 강화가 더 된다면 법인 운영 전략을 다시 짜야 할지도 모른다.

② 필요 경비 범위가 상대적으로 넓다

법인을 통한 수익은 '사업소득'에 해당한다. 그래서 용어도 '각 사업 연도소득'이지 않은가. 따라서 법인 운영에 따른 비용 처리를 할 때, 원칙적으로 '해당 사업과 연관성이 있다면' 모두 경비 처리가 가능하다. 예를 들어 '부동산 매매업'을 주로 하는 법인은 말 그대로 주택을 사고팔아 차익을 남기는데 이때 해당 주택을 더 잘 팔기 위해서 인테리어를 하는 경우가 많을 것이다. 이 인테리어에 들어가는 비용이 경비 처리가 가능한 것이다. 반면 개인 양도소득세에서는 앞서 살펴봤지만 일부 항목만 필요 경비로 인정이 된다.

법인일 경우 경비 처리가 가능한 항목은 다음과 같다.

이자 비용, 수익적 지출, 명도 비용, 컨설팅 비용, 차량 유지비, 복리후생비, 사무실 임차료 등

다만, 이에 따른 증빙은 반드시 있어야 하며(카드 결제 관련 자료,

계산서 등) 특히 개인 용도로 사용한 건은 경비 처리에서 제외되니 유의한다.

③ 단기 매도가 가능하다

개인 양도소득세는 주택 보유 기간에 따라 세율이 다름을 앞에서 살펴봤다. 하지만 법인의 경우 양도차익 금액에 따라 세율이 달라지는 것이지 기간에 따라 다른 세율이 적용되지 않는다. 그래서 부동산 매매 법인의 경우, 특정 주택을 취득하고 극단적으로 그다음 날 매도하더라도 차익에 대해서는 법인세율이 10~25%가 적용된다. 개인처럼 1년(2021년 이후 양도분은 2년) 이후에 매도해야 기본 세율이 적용되는 것은 아니다. 따라서 매도 시기에 있어 개인보다 훨씬 더 자유롭다.

④ 매매사업자 '비교 과세'가 없다

지금까지 내용 중 ②와 ③은 개인 매매사업자에게도 동일하게 적용된다. 즉, 개인 명의로 주택 매매를 하고 있다면 ②, ③처럼 해당 사업에 따른 필요 경비 인정이 많이 되고 단기 매도 시에도 양도세처럼 1년 미만 40%와 같은 비례 세율이 아닌 기본 세율이 적용된다.

하지만 개인 매매사업자가 조정대상지역에 있는 주택을 양도하는 경우라면 이야기가 달라진다. 아무리 매매사업자라고 해도 법인이 아닌 개인(매매사업자)이라면 조정대상지역에 있는 주택 양도 시 '사업소득에 따른 세 부담', 그리고 '조정대상지역이므로 양도세 중과 적용 시 세 부담'을 비교해 더 높은 것으로 과세한다. 이를 '비교 과세'라고 한다. 이때에는 당연히 '조정대상지역 양도세 중과 적용 시 세 부담'이 더 높다. 결과적으로 조정대상지역에서 개인 매매사업자를 하는 것은 별로 실익이 없게 된다.

법인으로 운영할 때 단점
혹은 유의해야 할 점

부동산 법인 운영 시 유의해야 할 점도 있는데 살펴보면 다음과
같다.

① 법인 명의의 돈은 함부로 뺄 수 없다(법인과 개인은 별개의 인격체)

많은 투자자가 "아니, 내가 세운 법인인데 왜 법인 돈을 내가 못
빼가느냐?"라고 할 수 있다. 하지만 이는 법인이 아닌, 개인 사업
자로 운영할 때의 마인드다. 개인 사업, 즉 자영업을 하는 경우 사
업의 주체와 내가 동일인이기 때문에 '같은 주머니'라고 생각할 수
있다. 물론 개인 사업이라고 해도 별도의 사업자통장, 사업용 카드
를 사용할 수 있지만 법인만큼 그렇게 엄격하지는 않다.

앞서 살펴본 것처럼 법인은 법으로 만든 인격체로 나와는 별개

의 '사람'이다. 예를 들어, 삼성전자와 이재용 부회장을 비교해보자. 둘(삼성전자, 이재용 부회장)은 특수관계지만 그렇다고 삼성전자가 벌어들인 돈을 이재용 부회장이 함부로 빼간다면? 이는 횡령 등의 큰 죄에 해당한다. 따라서 비록 내가 만든 법인이라고 해도 법인이 벌어들인 수익(주택 매매업 등)은 온전히 법인 것이며, 이를 나 개인의 것으로 만들려면 다른 별도의 조치가 필요함을 이해하고 있어야 한다.

② 세 부담이 이중으로 들 수 있다(법인세 한 번, 개인소득세 또 한 번)

법인 운영을 통해 차익을 얻었다고 하자. 이때 이 차익은 법인 것임을 앞 ①에서 설명했다. 해당 법인은 이로 인해 발생한 수익에 대해 법인세를 매년 납부해야 한다. 그런데 법인만 돈을 벌면 무슨 소용인가? 이를 설립한 나(대표 등) 역시 소득이 있어야 하지 않을까? 즉, 법인이 벌어들인 돈을 대표자 명의로 합법적으로 빼오려면 어떻게 해야 할까?

대표적인 것이 '급여'다. 그렇다고 법인계좌에서 대표자 개인계좌로 이체하면서 단순히 '급여'라고 하면 될까? 전혀 그렇지 않다. 이때 급여, 즉 근로소득(개인에게 부과되는 것이므로)에 대해 세금 등이 부과되므로 이를 제하고 급여 이체를 해야 한다. 이를 조금 어려운 말로 '원천징수'라고 하는데 직장인들이 월급을 받을 때 '분명 월급이 300만 원이라고 했는데 실제 받는 돈은 이보다 적네'라고 생각하는 것과 같다고 보면 이해가 쉬울 것이다. 그리고 이와 관련해 원천징수 신고라는 것을 해야 하는데 제대로 이행하지 않으면 가산세가 부과된다. 이뿐이 아니다. 관련한 건강보험 등 4대 보험도 챙겨야 한다. 생각만 해도 복잡하고 어렵지 않은가? 그래서 보통 세무사 등 세무대리인에게 업무를 맡긴다. 이때에는 매월 일정 금액 이상의 기장료를 줘야 한다.

정리하자면 법인과 관련해 수익이 나면 법인에서 세금 한 번, 그리고 해당 수익을 개인 명의로 가져오면서 또 한 번의 세금을 낼 각오를 해야 한다. 이때 부수적으로 기장료 등이 따라온다.

③ 엄격한 비용 관리

법인의 비용 관리는 매우 엄격하다. 필자 역시 간혹 몇만 원 차이로 기장을 맡긴 세무사 사무실에서 연락이 오곤 한다. 어떤 용도인지 묻기 위해서다. 이에 대해 증빙을 제대로 하지 못한다면 그 돈은 비용 처리가 되지 않을 뿐만 아니라 대표자 상여 처리를 한다. 즉, 대표자 소득으로 보고 향후 소득세 과세 대상이 되는 것이다. 따라서 법인의 모든 비용 처리는 증빙을 갖춰야 한다고 생각해야 한다. 그래서 작은 물건을 살 때에도 법인카드를 사용해야 한다. 개인 용도로 처리하면 비용 처리가 되지 않는다.

참고로 법인카드는 만들자마자 홈택스에 자동으로 등록된다. 별도로 등록해야 하는 개인사업자의 카드와는 차이가 있다. 법인에 대한 특별한 혜택이라기보다 그만큼 법인의 비용 관리가 엄격함을 의미한다.

④ 부가가치세 등 세법상 의무의 추가 가능성

주택은 거주에 있어 꼭 필요한 재화라서 기본적으로는 '면세' 대상이다. 부가가치세가 붙지 않는다는 말이다. 그런데 전용 면적이 85제곱미터를 초과하는 주택을 법인으로 거래하면 이와 관련해 부가가치세를 납부해야 한다. 따라서 단기 차익만 보고 전용 면적 85제곱미터 초과 주택을 법인으로 거래할 때 부가가치세 이슈를 놓친다면 오히려 배보다 배꼽이 더 커질 수 있으니 유의하자.

⑤ 기타 각종 의무사항

개인 명의로 하면 다소 느슨하게(?) 할 수 있는데 법인 명의로 하면 원칙대로 해야 하는 것이 많다. 이와 관련한 것을 다 알기 어려우므로 전문가인 세무사 등에게 맡기는 방향이 좋다. 물론 이때에는 수수료가 발생한다. 기본적으로는 각종 회계 처리, 세무 조정은 물론이고 제출 · 신고 의무 등을 해주므로 관련 일을 할 때 편하다. 하지만 이에 대한 수수료를 지급하려면 법인의 경우 지속적인 수입이 있어야 한다. 만일 별도의 활동도 없이 법인만 세워둬서는 자본 잠식 등 문제가 생길 여지가 많다.

이 외에도 더 있지만 법인 운영 시 주의해야 할 주요 사항 몇 가지를 살펴봤다. 앞에서 살펴본 '법인으로 운영할 때 장점'과 함께 알아두고 자신에게 맞는지를 잘 생각할 필요가 있다.

다음은 개인과 법인의 과세체계를 정리한 표이다. 취득·보유·양도단계에 있어 정도의 차이만 있을 뿐 개인, 법인 모두 세금이 발생함을 알 수 있다. 따라서 어느 하나의 단계만 보고 무조건 '개인이 좋다' 혹은 '법인이 좋다'는 식의 접근은 다소 위험할 수 있음을 인지하자.

개인	구분	법인
취득세	취득단계	취득세
재산세, 종부세	보유단계	재산세, 종부세
종합소득세(사업소득)	임대소득	법인세(각 사업 연도소득)
양도소득세	양도단계	법인세+추가법인세

그래도 법인으로
투자를 해야겠다면?

법인으로 부동산 투자를 결정했다면 이에 대해 몇 가지는 당부하고 싶다. 사실 장기적으로 보면 법인을 통한 거래가 장점이 훨씬 더 많다고 생각한다. 정부 입장에서도 정보가 더 투명하게 공개되므로 주거 정책을 세우는 데 좀 더 유리할 수 있으며 개인 역시 법인을 잘 성장시키면서 급여, 배당 등을 받으면 일정 소득을 유지하면서 투자도 계속할 수 있으니 말이다.

다음 사항을 확인하고 부동산 법인을 설립할지에 대한 의사 결정을 해보도록 하자.

① 법인이 '만병통치약'이라는 생각은 버린다

앞에서도 봤지만 법인 운영에 따른 좋은 점뿐만 아니라 지켜야 할 의무사항도 꽤 많음을 알 수 있다. 그리고 과세방식의 차이에 있어서 '양도세 중과'가 나오지 않았을 뿐이지 법인 역시 중과라고 할 수 있는 '추가법인세'가 있음을 확인했다.

만약 정부가 부동산 법인을 대상으로 현행 10%인 추가법인세를 상향시킨다면(예를 들어 30%) 어떻게 될까? 그때에도 법인세는 법인세대로 내고, 개인소득세는 개인소득세대로 납부하면서까지 운영할 수 있을까? 물론 정부 정책을 예단할 수는 없지만 최근 들어 부동산 법인에 대한 언론 기사가 자주 나오는 상황에서는 무조건적인 '법인 예찬론'은 주의할 필요가 있다.

② 법인 임대업보다 매매업이 나을 수 있다

법인 운영을 이제 막 하는 사람들 중에서는 개인일 때 하던 투자 방식을 그대로 하려는 사람이 꽤 많다. 이 중에는 소위 말하는 '갭투자'를 법인 명의로 하겠다는 경우가 은근히 있다.

예를 들어 5억 원짜리 주택을 법인 명의로 취득한다고 하자. 4억 원은 임차인에게 (전세)보증금으로 받고 나머지 1억 원은 일단 대표자가 법인에 빌려줘서(이를 '가수금'이라고 함) 잔금을 치른 다음, 전세 만기가 돌아왔을 때 차익을 남기는 것이다(그사이 집값이 상승해 전세 만기에 맞춰 매도한다고 가정). 필자 생각에는 이를 좀 더 사업 마인드로 접근하면 어떨까 싶다.

앞의 사례에서는 문제점이 발생할 여지가 있다. 먼저 임차인이 법인 명의의 집주인을 꺼려할 수 있고(잘 알지 못하는 법인이 집주인이면 당연히 임차인은 불안하다) 해당 임차인이 전세 자금 대출을 받거나 전세 보증보험에 가입하려고 할 때 상황에 따라 승인이 잘 나지 않기도 한다.

이보다는 '부동산 매매업'이라는 사업 목적에 맞춰 해당 주택을 취득하고(물론 그에 따른 법인 자금이 있어야 하거나 대표자 가수금 등을 충당하고 원칙대로 상환해야 한다) 잘 수리해서(이때 인테리어 비용은 경비 처리가 가능하다) 실거주자 등에게 약간의 차익을 남기고 파는 것이다. 물론 이렇게 하려면 처음부터 주택을 싸게 매수할 수 있거나(투자 가치를 잘 보거나 경매도 하나의 방법) 향후 집값이 오르고 실거주자가 선호하는 지역을 잘 알아야 한다. 그렇다고 해도 이런 과정을 계속 반복해서 차익을 점점 불려나간다면 이는 법인 취지에도 맞고, 나름의 보람도 느낄 수 있지 않을까 하는 필자의 개인적인 생각이다.

③ 법인 자체의 수익원이 있어야 한다

법인 자체의 수익원이 있어야 한다는 것을 놓치면 안 된다. 법인으로 매매업이 아닌 임대업을 했다고 가정해보자. 이때 매달 나가는 세무사의 기장료를 내지 못할 상황이 된다면, 역전세가 난다면 어떻게 할 것인가?

대표자가 법인에 자금을 빌려주면 된다고 하지만 엄밀히 말해 대표자 가수금, 가지급금을 지나치게 빈번하게 활용하면 오히려 과세당국의 주의를 받을 수 있다. 법인을 하나의 도관으로 보고 자금을 빼돌리는 수단으로 활용하는 게 아니냐고 들여다볼 수 있는 여지를 주기 때문이다. 따라서 이러한 대표자와 법인 간 거래를 최소화하려면 먼저 법인의 자본금을 넉넉하게 해서 설립하고 소액이라도 법인 자체의 수익원을 발생시켜 현금 흐름을 좋게 할 필요가 있다. 그런 의미에서 별도의 수익원이 없다면 차라리 앞 ②에서 소개한 것처럼 매매업이 나을 수 있다.

④ 개인과 법인은 다르다는 사실 명심!

마지막으로 개인과 법인은 다르다는 것을 당부하고자 한다. 더 정확하게는 개인소득세의 과세체계와 법인세 과세체계는 아예 다르므로(물론 비슷한 부분도 많지만) 어설프게 '이렇게 하면 되겠구나'라고 생각하지 말고 반드시 사전에 세무전문가와 상담한 다음에 진행한다.

강의하다 보면 수많은 사람이 법인에 대해 막연한 환상을 갖고 있다는 것을 알게 된다. 또한 개인소득세의 과세논리를 법인에도 그대로 적용하려는 모습을 보고 흠칫 놀란 경우가 참으로 많다. 절대 그래서는 안 되며 개인소득세와 법인세는 다른 논리가 적용되기에 항상 주의해야 한다.

따라서 늘 이에 대해 공부해야 한다. 잘 모르겠다면 법인의 세무처리를 맡긴 담당 세무사나 구할 수 있는 자료들을 확인하면서 공부하는 자세로 접근해야 한다.

지금까지 부동산 법인에 대한 기본적인 이해, 그리고 운영 시 장단점과 간략한 활용법에 대해 설명했다. 사실 필자 개인적으로는 장기적 관점에서 법인을 활용하는 것이 좋다고 생각한다. 당연히 당사자가 법인에 대해 잘 안다는 전제하에서 그렇다.

관련 제도에 대해 잘 이해하고 학습할 의지가 있는 상태에서 투명하고 원칙에 맞게 운영할 계획이 있다면 개인 명의와 법인 명의 각각에 맞춰 투자를 해보는 건 어떨까 싶다. 정부가 바라는 것도 바로 그런 것일 테니까 말이다.

다만, 5월 11일에 정부가 보도자료로 발표한 '투기적 법인 주택 거래에 대한 대응을 강화하겠습니다'에서도 알 수 있듯이, 앞으로 법인으로 주택 거래(매수, 매도)를 할 때에는 별도 신고서식을 제출해야 한다. 또한 법인으로 주택을 매수하는 경우라면 지역 및 금액을 불문하고 자금 조달계획서를 내야 하므로 더욱 원칙에 맞게 운영해야 함을 잊지 말자.

7장

자신의 유형에 맞게
부동산 투자 전략을 세워라

지금까지 부동산 절세와 관련해서 알아야 할 세금의 특징
에서부터 양도소득세 계산법, 임대사업자와 매매사업자의
특징, 수입 금액 계산법까지 알아봤다.
이번 장에서는 자신의 유형에 맞는 부동산 투자 전략을 세
우는 방법을 알려주고자 한다. 자신의 유형에 맞춰 투자해
야 흔들리지 않고 꾸준하게 수익을 내면서 그에 따른 절세
전략을 세울 수 있다.

나의 투자 유형은?

'지피지기 백전불태(知彼知己 百戰不殆)'라는 말처럼 부동산 투자를 할 때 내가 왜 투자하는지, 최종 목표는 무엇인지, 그것을 달성하기 위해 어떻게 할 것인지가 분명해야 한다. 즉, 자신에게 맞는 투자 유형을 미리 파악하고 있어야 한다. 같은 아파트 투자라고 해도 일시적 2주택자 비과세를 계속 누리면서 수익률을 극대화하고 싶어 하는 사람이 있는가 하면, 다주택자가 되어 좀 더 적극적인 임대사업을 통해 수익을 내고 싶어 하는 사람도 있다. 투자 유형에 따라 절세방법도 달라지므로 부동산 세금에 있어 이 투자 유형은 중요하다.

다음은 그동안 강의, 상담 등을 통해 만난 사람들과 투자자들을 인터뷰한 결과를 토대로 만든 부동산 투자자의 유형이다.

(부동산 투자 전략에 따른 3가지 유형)

A 시세 차익 추구형	B 다양한 전략 구사형	C 현금 흐름 추구형
• 투자 성향 　-공격적 투자 선호 　-투자 초기에 자산 형성이 　　중요(2~3년마다 매도, 　　자산 증가) 　-큰 시세 차익 추구	• 투자 성향 　-공격, 안정에 있어 중간 　　정도의 리스크 관리 　-다양한 전략 활용 선호 　-A 유형과 C 유형 중간 　　과도기 상태	• 투자 성향 　-안정 지향 　-일정 수준 이상 자산(현금) 　　보유 　-매수하면 장기 보유 선호 　-작더라도 꾸준한 이익 선호
• 중요 내용 　-'흐름'에 대한 이해 　-매수, 매도 타이밍 중요 　-전국이 투자 무대 　-생각보다 '행동' 우선!	• 중요 내용 　-물건별로 최적의 세팅 추구 　-단기, 준공공 등 상황별 　　대처 선호 　-다양한 경험 선호	• 중요 내용 　-리스크 관리 　-똘똘한 물건 보유 　-철저하고 꼼꼼한 관리 　-지속적인 현금 흐름 선호
세금? 낼 건 낸다. 대신 더 큰 수익을 원하기에 기간에 얽매이고 싶지 않다! ⋯▶ 미등록	세금 지출에는 큰 관심이 없 다. 다만, 상황에 맞는 다양 한 방법을 구사하고 싶다. ⋯▶ 일부 등록(단기, 준공공)	티끌 모아 태산! 불필요한 지출을 줄이고 소액이라도 꾸준한 현금 흐름 선호! ⋯▶ 거주 주택 제외, 전체 등록

이 3가지 유형 중 나는 어느 쪽에 속할까? 필자가 직접 투자하면서 겪은 경험과 주변 투자자들을 본 결과, 투자 경력과 보유 주택 수가 늘어날수록 C 유형으로 가는 경우가 많았다. 투자 초기부터 바로 C 유형이 되어 현금 흐름을 추구하는 투자자도 있었지만 드물었다. 274쪽의 '투자 경력 및 보유 주택 수와 투자 유형의 적합도'를 참조한다.

자, 어떤가? 나는 무슨 유형인지 판단이 서는가? 잘 모르겠다면, 다음에 설명하는 내용을 잘 읽어보고 위에서 설명한 A, B, C 유형 중 최대한 본인과 근사한 쪽이 어떤 경우인지 선택해보도록 한다. 물론 더 다양한 유형이 있겠지만 일단 큰 틀에서 어떤 전략을 취하는지 살펴봐야 그에 따른 절세 전략도 함께 알 수 있기 때문이다.

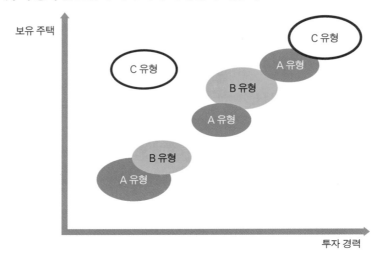

〔투자 경력 및 보유 주택 수와 투자 유형의 적합도〕

단기(보통 4년 이내) 시세 차익을 선호하는데 3주택 이상 보유가 부담되면 A 유형이 적합하다. 지속적으로 '일시적 2주택자 비과세' 혜택을 받으면서 수익률을 극대화할 수 있기 때문이다. 단기 기준을 4년으로 한 것은 현행 민간 단기 임대 주택의 의무 임대 기간이 최소 4년이기 때문이다. 이 경우에는 굳이 임대사업자로 등록할 필요가 없다(하지만 종합부동산세 합산 배제 관련 혜택 등을 보려면 5년 이상 임대해야 하는 점은 유의한다).

8년 이상 장기 보유를 선호하면서 거주 주택 양도세 비과세 및 매월·분기 현금 흐름을 선호한다면 C 유형이 적합하다. 거주 주택을 제외하고 나머지는 모두 임대 주택으로 등록해 보유세(재산세, 종합부동산세)를 줄이면서 거주 주택은 양도세 비과세를 받는 전략으로 간다.

내가 중간이라면 B 유형이 맞다. 일부 주택은 오랫동안 보유하면서 등록 임대 주택의 세제 혜택을 받고 나머지 주택은 임대 주택으로 등록하지 않고 있다가 적당한 시기에 매도하는 방식을 선호한다. 비록 거주 주택 양도세 비과세는 불가능하지만 언제든지 미등록 주택을 임대 주택으로 등록하면 비과세가 가능하므로 향후 상황에 맞춰 대응할 수 있다는 장점이 있다. 이제 각 유형에 맞는 절세 전략을 알아보자.

시세 차익 추구형이
알아야 하는 절세 전략

시세 차익 추구형(A 유형)은 2채 정도만 보유하면서 '일시적 2주택자 비과세'를 선호한다. 1채 정도 더 추가해서 3채를 보유해도 바로 1채는 매도하여 남은 2채를 갖고 '일시적 2주택자 비과세'로 수익률을 극대화한다. 이 유형과 맞는 절세 전략을 세우기 위해서는 다음의 내용에 대해 알고 있어야 한다.

- 주택의 취득일
- 양도소득세 관련 주택 수 산정(세대 기준)
- 1가구 1주택 비과세 개념 및 적용(특히 1가구 의미 파악)
- 일시적 2주택자 비과세 적용
- 3주택이 되면 일부를 비과세 받는 방법

A 유형에는 다음의 경우가 적합하다. 첫 번째, 본인이 직접 거주하고 이사하는 경우다. 예를 들어보자. 주택 1을 ○○○1년 1월에 매수하고 1년이 지난 ○○○2년 1월에 주택 2를 매수했다. 이제 ○○○3년 1월에 주택 1을 매도한다면 일시적 2주택자 비과세조건에 해당하므로 주택 1의 양도소득세는 비과세가 된다.

매도금으로 ○○○3년 1월에 주택 3을 매수했고 1년이 지난 ○○○4년 1월에 주택 2를 매도했다. 이때 보유하고 있는 주택 2와 주택 3 간의 취득일 차이는 1년 이상(1후), 주택 2는 2년 이상 보유(2보), 주택 3을 취득한 지 3년 이내에 주택 2를 매도(3매)했으므로 일시적 2주택자 비과세에 해당되어 비과세가 가능하다.

○○○4년 1월에 주택 4를 매수하고 1년이 지난 ○○○5년 1월에 주택 3을 매도했다. 이번에도 같다. ○○○5년 1월에 (주택 3 매도 당시) 보유하고 있는 주택 3과 주택 4 간의 취득일 차이는 1년 이상(1후), 주택 3은 2년 이상 보유(2보), 주택 4를 취득한 지 3년 이내에 주택 3을 매도(3매)했으므로 주택 3은 양도소득세 비과세가 된다.

〔1년에 1채씩 비과세 받기〕

| ○○○1. 01. | ○○○2. 01. | ○○○3. 01. | ○○○3. 01. | ○○○4. 01. | ○○○4. 01. | ○○○5. 01. | ・・・ |
| 주택 1 매수 | 주택 2 매수 | 주택 1 매도 | 주택 3 매수 | 주택 2 매도 | 주택 4 매수 | 주택 3 매도 | |

이런 식으로 1년에 1채씩 양도소득세 비과세를 계속 적용받을 수 있다. 물론 해당 주택에 계속 거주해야 하는 불편함이 있다. 만약 그렇게 하기 싫다면 어떻게 하면 될까? 그럴 때에는 두 번째 경우로 진행하면 된다. 거주(할) 주택에 살지 않고 전세나 월세로 임차해 지내면서 매수한 주택은 앞의 사례처럼 1년에 1채씩 팔아 비과세 혜택을 받는 것이다. 물론 조정대상지역의 경우에는 쉽지 않을 것이다. 2년 이상 거주를 해야 비과세가 되기 때문이다. 또한 앞에서 살펴본 것처럼 조정대상지역에서 조정대상지역으로 이동하는 경우라면 신규 주택 취득 후 1년 이내에 해당 주택에 전입하고 기존 주택 역시 매도해야 하므로 이제는 쉽지 않아졌다.

하지만 모든 지역이 조정대상지역은 아니며 본인은 조정대상지역에서 전세나 월세로 임차해서 살고, 기타 비규제지역에서 위와 같은 방법을 아직도 충분히 활용할 수 있기에 참고할만하다.

다음은 실제로 A 유형을 선호하는 투자자와의 인터뷰 내용이다.

필자: 부동산 투자에 있어서 무엇을 가장 중요하게 생각하는가?

A 유형: 싸게 사서 비싸게 파는 것도 중요하지만 부동산에서 양도소득세는 큰 부담이다. 그래서 양도소득세 비과세를 가장 중요하게 생각한다.

필자: 1가구 1주택과 같은 비과세를 말하는 건가?

A 유형: 그렇다. 1채일 경우 2년 이상 보유하면 비과세가 가능하

다. 조정대상지역의 경우 거주 요건이 추가되었다. 2채라면 일시적 2주택자 비과세를 통해 세금을 줄여 세후 수익률을 극대화할 수 있다. 개인적으로 이것을 가장 중요하게 여긴다.

필자: 그렇다면 계속 집이 1채 또는 2채인 상태여야 하는데….

A 유형: 실거주를 위한 집 1채면 충분하다고 생각한다. 내가 살 집이기 때문에 누구나 원하는 좋은 지역에 좋은 상태로 거주한다. 이사가 귀찮지만 기존 주택에서 발생한 시세 차익을 그대로 가져갈 수 있고 더 좋은 곳으로 이사를 가기 때문에 만족한다.

필자: 그래도 살다 보면 투자용 주택을 구입할 수도 있지 않나?

A 유형: 물론 그렇긴 하다. 예를 들어, 일시적 2주택자 비과세를 받기 위해서는 기존 주택을 3년 이내에 매도해야 하는데 그렇게 하지 못할 수 있다. 그리고 투자 가치가 있거나 향후 해당 주택에 살고 싶을 때가 있다. 이때는 정해진 절차에 따라 세금을 내면 그만이다.

필자: 그래도 조금 아깝지 않나?

A 유형: 기본적으로는 공동명의를 통해 절세하면서 최대한 필요 경비 내역을 확보한다. 그리고 수익이 났는데 세금을 내는 것은 당연한 것 아닌가?

필자: 임대사업자 등록을 생각해보지는 않았나?

A 유형: 예전에 잠깐 생각해봤지만 나하고는 맞지 않는다고 본다. 부동산은 금액이 커서 주식처럼 쉽게 팔리는 게 아니다. 상황에 따

라서는 급매로 팔아야 하는데 임대 주택으로 등록하면 의무 임대 기간이 있어서 쉽지 않다. 게다가 재산세 감면은 최소 2채는 되어야 하기에 나와는 맞지 않다. 그보다는 앞서 말한 공동명의, 필요 경비 확보 등을 통한 양도소득세 절감이 더 효과적이라고 본다.

필자: 앞으로도 계속 이런 방식을 고수할 예정인가?

A 유형: 그렇다. 시세 차익이 큰 거주 주택은 가장 나중에 매도하거나 일시적 2주택을 활용할 것이다. 만일 이러한 것이 안 되는 주택은 공동명의를 통한 양도세 절감이면 충분하다고 본다. 본업에도 충실해야 하기 때문에 너무 복잡하게 끌고 가지 않을 계획이다.

지금까지 내용에서도 알 수 있듯이, A 유형의 경우 임대사업자 등록을 거의 하지 않으므로 양도소득세 관련 절세가 매우 중요하다. 주택이 1채 또는 2채라면 관련 비과세 조항으로 절세를 해야 한다. 만일 안 된다면 공동명의, 필요 경비 확보 등으로 절세한다. 실거주 중심이면서 원하는 시기에 매도를 원하므로 임대사업자로 등록하지 않는 것이다.

여기에 1가구 4주택부터는 주택 취득세 역시 4%로 올라간다. 따라서 이 경우라면 명의 분산이 반드시 필요한데 이때 활용할 수 있는 것이 바로 부동산 법인이다. 꼭 취득세가 아니더라도 개인 명의로 1주택만 보유하고(비과세 가능) 추가로 구입하는 주택은 부동산 매매 혹은 임대 법인을 통해 운영하는 것도 방법이다.

다양한 전략 구사형이
알아야 하는 절세 전략

보유 주택 수가 3채에서 5채 정도라면 절세 측면에서 '다양한 전략 구사형(B 유형)'이 적합하다. 보유한 주택 중 일부만 임대 주택으로 등록하는 것이다. 등록할 일부는 장기간(최소 5년 이상) 보유할 주택을 대상으로 한다. 3년 이내 매도할 계획인 주택은 등록하지 않아도 된다. 그렇게 하여 단기 보유 주택은 다소 공격적인 투자방식으로 접근하고, 장기 보유 주택은 세제 혜택을 받아 세후 수익률을 극대화하는 전략이다. 기본적으로는 시세 차익 추구형(A 유형)과 유사하나 일부 주택을 임대사업 대상으로 등록해 단기, 장기 보유에 따른 수익률을 높이는 방법이다.

예를 들어보자. 거주 주택을 포함해서 보유 중인 주택이 5채다. 이 중 3채는 임대 주택으로 등록하고 남은 2채 중 1채는 거주, 남은 1채는 임대 주택으로 등록하지 않은 상태에서 전세를 내줬다.

임대 주택으로 등록한 3채는 최소 5년 이상 장기 보유를 할 필요가 있다. 종합부동산세 합산 배제 등 혜택을 받으려면 민간 단기 임대라도 5년 임대가 유리하기 때문이다.

이제 남은 2채를 보자. 거주 주택에는 계속 살면 되고 (등록하지 않은 채) 전세로 내준 집은 전세 만기에 매도한다. 만일 장기적으로 보유할 계획이라면 추가로 임대 주택으로 등록하면 된다. 거주 주택의 경우에는 거주 주택 양도소득세 비과세를 활용하면 절세효과를 극대화할 수 있다.

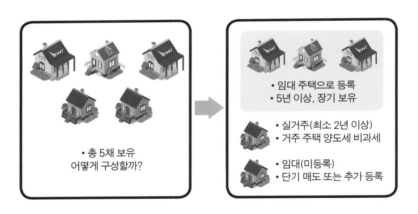

B 유형은 기본적으로 A 유형에 가까운 투자성향을 보이고 있다. 일부 주택은 준공공 임대 주택 등으로 등록하여 정부에서 보장하는 세제 혜택까지 받기를 원한다. 그러므로 절세 전략을 세우기 위해서는 다음 내용을 반드시 알고 있어야 한다.

- A 유형이 알아야 하는 내용
- 임대사업자의 장점과 단점 및 세제 혜택
- 준공공(장기 일반 민간 임대 주택) 양도세 관련 혜택

거주 주택을 제외하고 나머지 주택을 모두 임대 주택으로 등록하는 C 유형(현금 흐름 추구형)은 아니니까 거주 주택 양도세 비과세에 대해서는 몰라도 된다고 할 수 있지만 향후 언제든지 (미등록 주택을 임대 주택으로 등록할 경우) C 유형이 될 수 있으므로 알아두는 것이 좋다. 반대로 임대 주택의 의무 임대 기간이 끝나서 매도하면 B 유형은 A 유형의 상황으로 바뀐다. 그래서 B 유형을 '다양한 전략 구사형'이라고 이름 붙인 것이다.

다음은 실제로 B 유형을 선호하는 투자자와의 인터뷰 내용이다.

필자: 일부는 임대 주택으로 등록하고 또 다른 일부는 미등록인 상태다.

B 유형: 보유 목적이 달라서 그렇다. 임대 주택으로 등록한 주택은 장기적으로 보유할 계획이다. 이와 관련해 준공공 양도세 100% 감면은 매우 큰 혜택이라고 생각한다. '이런 혜택이 또 있을까?' 정도다. 그래서 일부는 등록하고 향후 매도할 때 양도세 감면 혜택을 받으려고 한다.

필자: 그렇다면 나머지 주택도 등록하면 좋지 않은가?

B 유형: 그렇기는 하지만 미등록한 주택 중 1채에는 내가 거주하고 있다. 나머지 1~2채는 일부러 등록하지 않았는데 3~4년 안에는 매도할 계획이기 때문이다. 민간 단기 임대도 최소 4년이 의무 임대 기간이고 종합부동산세 합산 배제 등 혜택을 받으려면 5년 혹은 8년 이상 임대해야 하는데 그 부분이 지금의 내 형편과 맞지 않아서 등록을 보류했다.

필자: 그렇다면 미등록한 주택은 3~4년 내 매도할 계획이며 나머지인 등록한 주택은 8년 또는 10년 동안 임대하고 매도한다는 계획이라고 생각하면 되는가?

B 유형: 그렇다. 정부에서 주는 혜택도 누리면서 투자 목적을 달성하기 위한 계획이다.

필자: 임대 주택으로 등록하지 않으면 재산세나 종합부동산세 등 보유세가 상당할 것 같다.

B 유형: 물론 그렇다. 하지만 법에서 정한 이상 납세 의무는 성실히 이행하면 되고 종합부동산세는 개인별로 계산되니까 공동명의를 적극적으로 활용해서 최소화했다. 물론 향후 양도 시에도 절세 효과가 있다.

필자: 앞으로의 투자 계획은 어떻게 되는가?

B 유형: 부동산 투자는 정부 정책에 영향을 많이 받는다. 미등록 주택을 모두 임대 주택으로 등록하거나 반대로 의무 임대 기간이 끝나는 임대 주택은 모두 양도해서 실거주 1채만 남겨둘 계획도

있다. 향후 상황을 꾸준하게 주시하고 있다.

강의와 상담할 때 보면 B 유형이 가장 많다. 아무래도 어느 한쪽으로 가기에는 다소 부담을 느끼는 것 같다. 이러한 경우에는 보유하고 있는 주택을 임대 주택으로 등록해서 등록 임대 주택의 혜택을 받는 그룹과 향후 상황에 맞게 매도하거나 임대 주택으로 추가 등록하는 그룹으로 나누는 계획을 많이 세운다. 만일 나머지 주택까지 임대 주택으로 등록하면(거주 주택 외) 다음에 살펴볼 C 유형과 맞는다고 보면 된다.

물론 이 경우에도 법인 사업자를 활용할 수 있다. 상대적으로 B 유형으로 운영하려면 취득세 4%는 각오해야 한다. 이럴 때 법인 임대사업자를 통해 해당 주택을 임대 주택으로 등록해서 장기 보유하는 것도 한 가지 방법이다. 아니면 A 유형처럼 실거주 주택 한 채만 제외하고 모든 주택을 법인으로 운영하여 단기는 법인 매매업, 장기는 법인 임대업으로 운영하는 것도 하나의 방법이 된다. 물론 그에 따른 사업 목적상의 운영 및 납세 의무 등은 개인보다 더 철저하게 준수해야 한다.

현금 흐름 추구형이
알아야 하는 절세 전략

마지막으로 3번째 유형인 '현금 흐름 추구형(C 유형)'은 주택 수가 다른 유형에 비해 많고 모두 임대 주택으로 등록해서 본격적으로 임대사업을 하려는 투자자에게 적합하다. 이 역시 정해진 것은 없지만 실제로 임대사업을 하는 투자자들을 보면 최소 10채 이상 등록한 경우가 많다.

이런 유형에 속하는 투자자들은 거주하는 주택의 경우 확실하게 '거주 주택 양도소득세 비과세'를 받으려는 계획을 갖고 있다. 임대 주택은 구청과 세무서에 다 등록하고 기준 시가 6억 원 이하(수도권 외는 3억 원 이하), 5년 이상 임대 요건을 따른다. 임대 주택은 상황에 따라 전세 또는 월세로 하며 공동명의를 활용해 수입 금액까지 분산하면서 받을 수 있는 절세 혜택은 다 받으려고 한다. 꾸준한 현금 흐름을 선호하면서 최소 5년 이상 장기간 보유해 보유세는 물론이고 양도할 때도 절세하려는 계획이 있다면 고려해본다. 일정 규모 이상의 자산(임대 주택)을 보유해야 하기 때문에 초기부터 일정 수준 이상의 자금과 임대사업 전반에 관한 지식, 임대사업자에게 요구되는 여러 관리 규정을 철저하게 이행할 수 있는 꼼꼼함은 필수다.

여기서 주의할 점이 있다. 명의자 1인당 수입 금액이 2,000만 원을 넘지 않도록 한다. 2,000만 원을 초과하면 다른 소득과 종합과세가 된다. 2,000만 원 이하는 2018년까지 비과세이며 그 이후부터는 분리과세가 된다. 그래서 C 유형인 사람들은 수입 금액을 잘 계산해야 한다. C 유형에게 필요한 절세 전략을 세우기 위해서는 다음의 내용에 대해 알고 있어야 한다.

- A 유형, B 유형이 알아야 하는 내용
- 수입 금액 계산법(연간 2,000만 원 초과 여부)
- 거주 주택 양도소득세 비과세
- '거주 주택 양도소득세 비과세+일시적 2주택' 대처법

다음은 실제로 C 유형을 선호하는 투자자와의 인터뷰 내용이다.

필자: 보유 주택 수가 꽤 많다. 이 많은 주택을 어떻게 관리하고 있는가?

C 유형: 임대사업을 불로소득이라고 보는 시각이 많은데 전혀 그렇지 않다. 정부에서 보장하는 엄연한 '사업'이다. 사업자 등록과 함께 연 5% 임대료 상한, 표준 임대차 계약서 작성 외에도 세입자에게 양질의 임대 서비스를 제공하기 위해 노력하고 있다. 재산세 감면, 종합부동산세 합산 배제, 임대소득세 감면 등 여러 가지 혜택을 받고 있으므로 책임감 있는 사업 운영은 필수라고 생각한다.

필자: 관련 조항을 많이 알아야 하는데 힘들지는 않은가?

C 유형: 사실 직장을 다니면서 임대사업을 병행하고 있는데 일정 규모가 넘어가면 현실적으로 힘든 때도 많다. 많이 힘들다면 향후 어떻게 해야 할지 결정이 필요하다고 본다.

필자: 주택의 경우 임대사업자 등록을 할지, 말지는 개인의 자유인데 전부 다 등록한 이유가 있는가?

C 유형: 실제 계산해보면 임대사업자가 받을 수 있는 가장 큰 세제 혜택이 바로 '거주 주택 양도소득세 비과세'다. 그런데 이를 받기 위해서는 거주 주택 외의 주택은 모두 임대 주택으로 등록해야 하기 때문에 그렇게 한 것이다. 물론 이를 통해 보유세도 감면되니 얼마나 좋은가?

필자: 그래도 연 5% 임대료 상한이 부담되지 않은가?

C 유형: 물론 그렇다. 하지만 정부에서 주는 혜택도 받으면서 내가 원하는 대로 하고 싶다면 놀부 심보가 아닌가? 임대사업자로

서 권리와 책임을 균형 있게 갖는 자세가 필요하다고 본다.

실제 현장에서 C 유형 또는 꽤 많은 주택을 갖고 임대사업을 하는 사람이 많지는 않았다. 어느 정도 규모가 있어야 하고 시간과 노력이 필요해서다. 또한 관리 대상도 많아 직장인이 병행하기가 쉽지 않다. 그래도 정부에서 보장하는 임대사업자의 혜택을 거의 다 누리면서 가장 큰 혜택인 거주 주택 양도소득세 비과세까지 받을 수 있다. 알아야 할 일도, 지켜야 할 일도 많지만 일정 규모가 넘어서면 스스로 자생하는 선순환 구조를 만들 수 있다는 장점이 있다.

지금까지 투자 전략에 따른 3가지 유형을 살펴봤다. 간략하게 정리해보면 다음과 같다.

보유 주택 수를 늘리지 않으면서 '일시적 2주택자 비과세' 혜택을 계속 누리고자 한다면 A 유형이 적합하다.

일부는 임대 주택으로 등록하고 또 다른 일부는 미등록하여(이 중 1채에서 거주, 2채 이하 유지) 거주 주택 양도소득세 비과세와 일시적 2주택자 비과세를 결합해 절세 혜택을 받고자 한다면 B 유형이 적합하다.

임대 주택을 모두 등록하고 5년 이상 장기 보유하면서 거주하는 주택은 확실하게 거주 주택 양도소득세 비과세 혜택을 받고자 한다면 C 유형이 적합하다.

이처럼 유형을 정할 때에는 개인의 성향, 투자금, 재직 여부, 투자 시간 등을 종합적으로 파악한 다음에 한다.

에필로그

한 번만 더 확인하자, 제발!

부동산 세금과 관련한 기본적인 내용에서부터 '취득 – 보유 – 양도' 단계마다 내야 하는 세금, 증여 및 상속세, 임대 및 매매사업자 등에 대해, 그리고 어떻게 전략적으로 활용할 수 있는지에 대해 살펴봤다. 여러 가지 내용을 다뤘는데 무엇보다 반드시 기억해야 할 것이 있다.

계약서 작성 전에, 반드시 사전에 확인 후 진행한다!

계약서를 작성하기 전에 이 책을 보면서 다시 한 번 세금에 대해 확인하기를 제안한다. 좀 더 어렵고 복잡하다면 세무사 등 전문가를 찾아가 사전에 확인한다(세무사 상담료는 사무실마다 다르지만, 시간당 몇십 만 원 정도 한다. 하지만 '한 번 더 확인'으로 적게는 몇십만 원에서 많게는 몇백만 원, 몇천만 원 이상을 줄일 수 있으니 매우 저렴한 수준이라고 볼 수 있다).

계약서를 작성하는 순간부터 팔 때까지 최소 몇 년 동안 따라다니는 부동산 세금에 대한 지식은 부동산 투자자는 물론이고 실수요자들도 꼭 알고 있어야 하는 필수 내용이다. 이 책이 계약서를 작성하는 순간부터 도움이 되기를 바란다.

이 책을 내기까지 많은 분의 도움이 있었다. 출판사와 좋은 인연이 될 수 있도록 중간에서 가교 역할을 한 보리나무(《맞벌이 부부의 돈 버는 부동산 투자》 저자)에게 우선 감사의 말을 전한다. 꼼꼼하게 원고를 감수해준 최왕규 세무사님(참세무법인 마포지점 대표 세무사)께 감사의 말을 전한다. 덕분에 복잡하고 어려운 내용도 자신 있게 집필할 수 있었다. 또한 온라인에서 늘 필자에게 힘과 응원의 메시지를 준 블로그 이웃, 유튜브 채널 구독자분들에게도 감사의 말을 꼭 하고 싶다. 이분들이 있기에 지금의 내가 있다고 생각한다. 마지막으로 세상에서 가장 존경하는 부모님과 늘 좋은 생각, 그리고 용기를 주는 사랑하는 아내 정희, 그리고 건강하게 자라줘서 항상 고마운 아들 경원이에게 이 책을 바친다.